Josef Pischl

Schnapsbrennen

WILHELM HEYNE VERLAG
MÜNCHEN

HEYNE RATGEBER
08/5103

Umwelthinweis:
Dieses Buch wurde auf chlor- und säurefreiem Papier gedruckt.

Copyright © 1992 by Leopold Stocker Verlag, Graz
Copyright © der Taschenbuchausgabe 1996 by
Wilhelm Heyne Verlag GmbH & Co.KG, München
Printed in Germany 1996
Umschlaggestaltung: Atelier Adolf Bachmann, Reischach
Umschlagabbildung: Ascher/H. Schwarz, Mauritius, Mittenwald
Gesamtherstellung: RMO Druck, München

ISBN 3-453-111794-8

Inhaltsverzeichnis

Vorwort

Der Alkohol und besonders das Destillieren waren schon den Ägyptern und Griechen bekannt. Im Mittelalter befaßten sich die Alchimisten mit der Destillation alkoholischer Flüssigkeiten. Sie fanden zwar nicht Gold, dafür erzeugten sie Schnäpse und Liköre, die das Herz der Mitmenschen erfreuten und den Magen erwärmten.

Seit dem Erscheinen der ersten Auflage 1980 hat sich in bezug auf das Schnapsbrennen vieles in positiver Richtung geändert. Mußte früher ein Schnaps beim Trinken brennen, so werden heute ein besonderes Aroma, welches von der reifen Frucht kommt, und Milde beim Trinken erwartet. Beim Schnapsbrenner wie beim Konsumenten sind eine neue Trinkkultur und ein neues Qualitätsbewußtsein entstanden.

Im Zuge des EU-Beitrittes mußten verschiedene Gesetze und Verordnungen geändert werden. Es gibt auch neue Erkenntnisse für die Herstellung von Spitzenbränden. All dies wird in der völlig neu bearbeiteten 7. Auflage berücksichtigt. Außerdem müssen verschiedene Fachausdrücke und Bezeichnungen für Maßeinheiten dem internationalen Einheitssystem und den EU-Richtlinien angepaßt werden.

Ich habe wieder versucht, alles möglichst einfach und praxisgerecht darzustellen und hoffe, daß viele Abfindungsbrenner und Stoffbesitzer Nutzen daraus ziehen können und einen guten „Selbstgebrannten" erzeugen.

Dipl-Ing. Josef Pischl

Kematen, im September 1995

Bedeutung

Die Erzeugung von Obstbränden ist schon sehr alt. Durch neue Erkenntnisse und immer bessere Brenngeräte konnte die Alkoholausbeute gesteigert und die Qualität immer wieder verbessert werden. Viele Jahrzehnte hindurch wurden für die Brennerei nur Fallobst und aussortierte Ware verwendet. Zum Teil war dies auch durch die schlechte wirtschaftliche Lage nach dem Ersten Weltkrieg und die Nahrungsmittelknappheit im und nach dem Zweiten Weltkrieg bedingt. Mit dem wirtschaftlichen Aufstieg stiegen die Ansprüche in allen Bereichen, so auch bei den Schnäpsen (Bränden).

Heute werden sortenreine Brände verlangt, die das sortentypische Aroma aufweisen sollen. Neben der Ausschußware ist es heute wirtschaftlich interessant, auch Obst in Tafelobst-Qualität zu verwenden. Wenn die Obstpreise nicht befriedigend sind, ist die Herstellung von Spezialbränden preislich oft günstiger. Dadurch wird der Obstmarkt bei Überproduktion etwas entlastet. Das Brennen fällt in eine arbeitsschwächere Zeit, und das Destillat ist haltbarer. Bei entsprechender Qualität lassen sich gute Preise erzielen; für viele Abfindungsbrenner ist dies eine wichtige Einnahmequelle.

Für die Kalkulation ist es wichtig, daß das Obst gewogen und nach dem Brennen die Alkoholausbeute pro 100 kg Obst festgestellt wird. Diese Selbstkontrolle ist für eine rentable Brennerei unbedingt notwendig. Bei zu geringer Ausbeute (z. B. unter den amtlichen Ausbeutesätzen) müssen die Fehler gesucht und beseitigt werden.

1. Grundzüge des Brennens

Brand oder Schnaps ist ein stark alkoholisches Getränk. Zur Herstellung werden zuckerhältige Früchte und Wurzeln zerkleinert und eingemaischt. Die zerkleinerten Früchte und Wurzeln nennt man Maische.

Im Faß erfolgt die alkoholische Gärung, wobei die Hefe den Zucker in Alkohol umwandelt. Neben den bereits vorhandenen Aromastoffen werden neue gebildet.

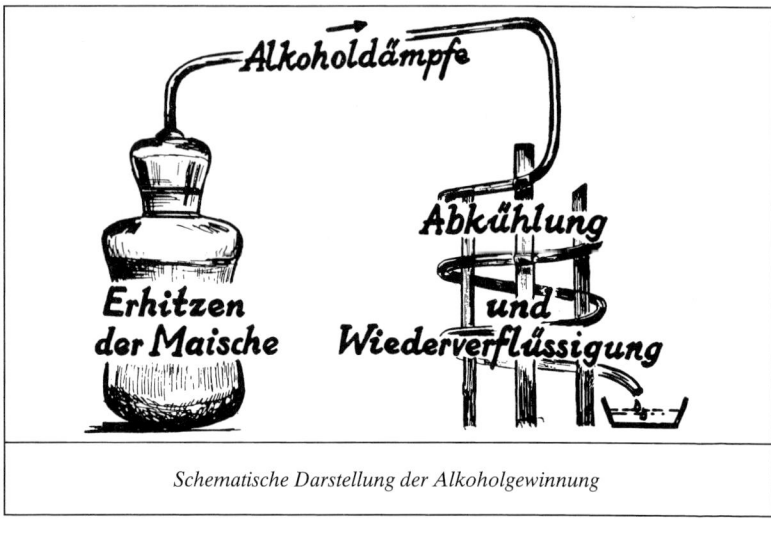

Schematische Darstellung der Alkoholgewinnung

In gewerblichen Brennereien wird auch aus Getreide und Kartoffeln Alkohol hergestellt. Dieser kommt meist hochkonzentriert in den Handel.

Die Alkoholausbeute hängt vom Zuckergehalt des Ausgangsproduktes und vom Grad der Vergärung ab. Nur reife, gute besonnte und gesunde Früchte haben einen entsprechenden Zuckergehalt. Schlecht vergorene Maischen enthalten noch Zuckerreste. Dies drückt natürlich die Alkoholausbeute. Neben dem Trinkalkohol (Ethylalkohol) entstehen bei der Gärung auch andere Stoffe. Diese sind teilweise zum Genuß nicht geeignet oder haben einen unangenehmen Geschmack und Geruch. Eine Trennung ist durch die unterschiedlichen Siede-

punkte dieser Stoffe möglich. Der Trinkalkohol siedet bei ca. 78° C. Die übrigen Stoffe haben einen tieferen oder höheren Siedepunkt.
Durch vorsichtiges Heizen beim Brennkessel ist eine Trennung dieser Stoffe möglich. Um ein gutes Destillat zu erhalten, ist ein zweimaliger Brennvorgang notwendig.
Der Brennvorgang selbst ist eine Destillation, das heißt, die Maische wird erhitzt, die Alkoholdämpfe werden zu einem Kühler geleitet und dort wieder verflüssigt (kondensiert). Der gewonnene Alkohol führt daher auch die Bezeichnung „Destillat". Der Brennrückstand ist die Schlempe.

1.1 Brennschema

Obst zerkleinern → Maische → Gärung → Brennen (zweimal)

Erster Brand oder Rauhbrand: Die Maische gibt den Rauhbrand (Rauhwasser, Rohbrand, Lutter), Rückstand im Kessel = Schlempe.

Zweiter Brand oder Feinbrand: Das Rauhwasser gibt

a) Vorlauf: für Einreibungen, nicht trinkfähig;
b) Mittellauf: Trinkalkohol (Ethylalkohol), gute Geruchs- und Geschmacksstoffe;
c) Nachlauf: Höhere Alkohole, schlechte Geruchs- und Geschmacksstoffe, vermischt mit etwas Trinkalkohol; nicht trinkfähig.

2. Rohstoffe der Brennerei

Zur Alkoholerzeugung können grundsätzlich alle zucker- und stärkehaltigen Früchte, Wurzeln und Getreidearten sowie alle alkoholhaltigen Flüssigkeiten verwendet werden.

Hier sollen aber nur jene Rohstoffe besprochen werden, die für die Abfindungsbrennerei und den Hausbrand von Bedeutung sind oder aus der heimischen Produktion stammen.

Die Ausbeute an Alkohol hängt vom Zuckergehalt der Früchte, die Qualität hingegen vom Reifegrad der Früchte ab. Es ist daher besonders wichtig, daß das Brennobst die volle Reife erreicht hat, denn nur so sind ein hoher Zuckergehalt und gutes Aroma zu erreichen. Grundsätzlich ist es daher falsch, minderwertiges und unreifes Ausschuß- und Fallobst für die Brennerei zu verwenden. Man kann damit keine hohe Ausbeute und keine Qualität erreichen. Das Obst soll mindestens gut reif sein. Obst mit geringerem Zuckergehalt eignet sich besser zur Saftherstellung. Die Obstqualität selbst beginnt aber bereits bei der Baumpflege. Obst von dichten, ungepflegten Bäumen wird nur notreif, das heißt, es hat wenig Zucker- und Aromastoffe. Es ist daher ein Auslichten der Bäume notwendig, damit Sonnenlicht in das Bauminnere zu den Früchten gelangt. Sonnenlicht und grüne, gesunde Blätter sind Voraussetzung für die Zucker- und Aromabildung. Zusätzlich sind Düngung und ein gewisses Maß an Pflanzenschutz auch vorteilhaft.

2.1 Inhaltsstoffe der Früchte, Beeren und Wurzeln

Wasser
mengenmäßig der größte Teil (bis 85%)
Kohlehydrate
hauptsächlich verschiedene Zuckerarten, Grundlage für die Alkoholbildung
Andere Stoffe
Säuren, Eiweiß, Mineralstoffe usw. Bei der Gärung entstehen daraus teilweise neue Aromastoffe
Aromastoffe
für die Destillatqualität ausschlaggebend

Die meisten Obst- und Beerenarten haben typische Aromastoffe. Wichtig zu wissen ist, daß die typischen Aromastoffe erst bei voller Reife (Genußreife

14

Solche Bäume liefern gutes Brennobst

Solche Bäume liefern minderwertiges Brennobst – wenig Zucker und Aromastoffe

ganz herauskommen. Sie geben dem Brand das typische Aroma. Einzelne Sorten entwickeln ein besonders sortentypisches Aroma, welches direkt in das Destillat übergeht (z. B.: Golden Delicious, Williams Christbirne). Diese Tatsache sollte man ausnützen, um ganz spezielle und reine Sortenbrände von höchster Qualität herzustellen.

Extrakt

Alle im Fruchtsaft gelösten Stoffe bilden den Extrakt. Der Hauptanteil ist aber Zucker, dessen genaue Bestimmung nicht einfach und schnell möglich ist. Der Extraktgehalt läßt sich aber rasch bestimmen (siehe Kap. 3, S. 27). Oft gibt man den Extraktgehalt als Zuckergehalt an. Bei der Berechnung der Alkoholausbeute muß dies aber berücksichtigt werden, d. h. vom gemessenen Extraktgehalt müssen die Nichtzuckerstoffe abgezogen werden (Seite 30).

2.2 Allgemeine Qualitätsansprüche

Beim Obst unterscheidet man Pflückreife und Genußreife. Bei Beeren- und Steinobst fällt beides in etwa zusammen. Beim Kernobst können Wochen bis Monate dazwischen liegen, wenn es sich um Herbst- oder Wintersorten handelt. Für den Brenner ist es wichtig zu wissen, daß sich von der Pflückreife bis zur Genußreife im Obst noch Aromastoffe bilden, die für die Destillatqualität wichtig sind.

Obst für Qualitätsbrand

Merke: Genußreife = Maischereife – Daher Obst nachreifen lassen!

Die Anforderungen an gutes Brennobst sind:
* hoher Zuckergehalt
* Genußreife
* ausgeprägtes sortentypisches Aroma
* frei von Fremdbestandteilen wie Erde, Gras, Blätter usw.

Nicht geeignet zur Erzeugung von Qualitätsbrand sind unreife, faule, verschimmelte und schlecht ausgebildete Früchte. Sie enthalten wenig Zucker und kaum gute Aromastoffe.

Überreife Früchte verlieren rasch das Aroma.

Ausnahme: Williams Christbirne soll beim Einmaischen weich sein. Auch Zwetschken und Pflaumen bringen bei Überreife mehr Aroma und daher eine bessere Destillatqualität.

> **Merke: Grundbedingung für rentables Brennen ist ein reifes, gesundes und aromatisches Obst.**
> **Qualitätsbrand kommt von Qualitätsobst!**

So ein Obst gibt wohl etwas Alkohol, aber keine Qualität!

2.3 Kernobst

In den Kapiteln 2.3 bis 2.6 bezieht sich der angegebene Zuckergehalt immer auf die ganze Frucht. Wie nahe man an den höheren Wert herankommt, hängt ganz von der Qualität des Obstes ab.

Der Zuckergehalt schwankt sehr stark. Er ist von der Obstart, der Sorte und besonders vom Reifezustand abhängig.

18

2.3.1 Äpfel

Man unterscheidet Tafel-, Wirtschafts- und Mostäpfel. Grundsätzlich sind alle zur Alkoholerzeugung geeignet, auch aussortiertes Tafelobst und Fallobst. Der Zuckergehalt liegt bei halbwegs guter Ware zwischen 8 und 12%. Die Obstauswahl hängt eigentlich davon ab, welche Qualität man erzeugen will. Die Qualität der Apfelbrände steigt mit der Qualität des Obstes. Spitzenbrände verlangen genußreife, gesunde und aromatische Früchte. Nach Möglichkeit soll man sortenreine Brände erzeugen. Dazu eignen sich gut: Golden Delicious, Mantet, Gravensteiner, Arlet, Jonagold, Boskoop und Summerred. Sortenreine Brände sind nur von vollreifen, aromatischen Früchten interessant, denn nur so kann das sortentypische Aroma in das Destillat kommen.

2.3.2 Birnen

Für die Brennerei werden Tafel- und Mostbirnen verwendet, mengenmäßig aber viel weniger als Äpfel. Der Zuckergehalt liegt zwischen 5 und 12%, wobei der höhere Wert seltener erreicht wird. Zwei Birnensorten müssen wegen ihrer hervorragenden Brennqualität besonders hervorgehoben werden. Es sind dies:

a) Scheuerl- oder Zuckerbirne

Sie ist eine kleinfrüchtige, sehr süße Birne, die sich auch zum Dörren sehr gut eignet. Der Ertrag ist leider nicht besonders hoch. Diese Birnensorte ist im Zillertal in Tirol stark verbreitet. Der daraus gebrannte Schnaps hat den besten Ruf und wird unter der Bezeichnung „Scheuerbirnenbrand" verkauft.

b) Williams-Christbirne

Sie ist eine ausgezeichnete Tafelbirne. Aus ihr wird der hervorragende „Williamsbrand" gebrannt. Die Sorte ist sehr reichtragend, doch etwas schorfanfällig. In besseren Obstbauanlagen würde es sich lohnen, diese Sorte eigens zum Brennen zu pflanzen. Bei guten Frischfruchtpreisen kann sie verkauft werden; bei mangelndem Absatz oder guten Schnapspreisen ist eine Verwertung über die Brennerei sehr rentabel.

Diese beiden Sorten sollen unbedingt für sich allein eingemaischt und gebrannt werden.

Zusammensetzung von Kernobstarten (alle Werte sind auf das Fruchtfleisch bezogen)				
		Äpfel	Birnen	Quitten
Wasser	(g/100 g)	78–93	78–88	82–85
Gesamtzucker	(g/100 g)	3–15	6–14	6–10
Saccharose	(g/100 g)	1–6	1–3	0,6
Stickstoffhaltige Verbindungen	(g/100 g)	0,1–0,4	0,4–0,6	0,3–0,6
Fett	(g/100 g)	0,2–0,5	0,1–0,5	0,2–0,9
Asche	(g/100 g)	0,2–0,5	0,1–0,4	0,3–0,6
Pektin (ber. als Ca-Pektat)	(g/100 g)	0,1–1,6	0,1–0,9	0,6
Phenolische Stoffe	(g/100 g)	0,07–0,16	0,03	–
Vitamin C	(mg/100 g)	0,5–40	0,5–23	12–15
pH		3,3	3,9	–

Quellen: Schormüller (1968) und Fritzsche (1965)

Einfluß der Lagerbedingungen auf die Alkoholausbeuten (/A/h/Maische) von Tafelapfelsorten des gleichen Standorts[1] (PIEPER 1983) (Mittelwerte aus 3–4 Vegetationsjahren im Zeitraum 1975–80)									
	Normallager (Keller)			Kühllager I 3–4° C rel. Feuchte: 90%			Kühllager II 6° C, rel. Feuchte: 80%		CA[2]-Lager
Sorte	Lagerdauer nach Pflücktermin (Wochen)								
	0–1 (pflückreif)	3–4 (genußreif)	9–10	13–14	20	28	13–14	20–22	>20
James Grieve	5,8	6,6	6,2[3]	6,3	–	–	6,4	–	–
Gravensteiner	6,1	6,4	6,1[3]	5,9	–	–	5,9	–	–
Goldparmäne	6,6	6,9	7,0[3]	6,7	–	–	6,7	–	–
Cox Orange	6,7	7,5	7,9[4]	–	7,0	6,3	–	7,3	6,9
Jonathan	6,5	6,7	6,4[4]	–	6,3	6,0	–	6,4	6,4
Boskoop	6,5	6,9	7,4[4]	–	6,7	6,5	–	7,2	6,8
Golden Delicious	6,8	7,2	7,6[4]	–	6,5	6,0	–	6,7	7,2

1 Versuchsstation für Intensivkulturen der Universität Hohenheim, Ravensburg-Bavendorf (Bodensee)
2 „Controlled atmosphere" (Kühllager mit kontrollierter Atmosphäre)
3 überreif
4 vollreif

Auch bei den Birnen gilt, daß Frühsorten nicht so gut zum Brennen geeignet sind (weniger Zucker und Aroma).

Was das Nachreifen und die Lagerung betrifft, gilt dasselbe wie beim Apfel. Eine Lagerung vor dem Einmaischen ist besonders bei den gerbstoffreichen Mostbirnen notwendig, damit sich der Gerbstoff etwas abbaut; er kann gärungshemmend wirken.

2.4 Steinobst

2.4.1 Kirschen

Sie ergeben ein ausgezeichnetes Destillat, welches die Bezeichnung „Kirschwasser" führt. Der Zuckergehalt der Kirschen schwankt zwischen 9 und 18% und beträgt im Durchschnitt 10 bis 12%. Besonders gutes Kirschwasser gibt es von den Vogelkirschen (Wildkirschen). Das Pflücken ist sicher sehr mühselig, aber es lohnt sich für diese Spezialität. Von den Edelsorten eignen sich wieder Spätsorten besser. Auch Weichseln sind für die Brennerei geeignet. Ihr Zuckergehalt ist mindestens so hoch wie bei den Süßkirschen, wenn nicht höher. Sie haben nur einen wesentlich höheren Säuregehalt. Beim Brennen kann es bei einwandigen Kesseln zu Schwierigkeiten kommen, da die Steine leicht anbrennen.

2.4.2 Zwetschken

Die besten Zwetschkenbrände liefert die sogenannte Hauszwetschke. Wenn sie gut ausgereift ist, erreicht sie einen hohen Zuckergehalt, der bis zu 15% betragen kann. Eine genaue Trennung zwischen Pflaumen und Zwetschken ist schwer möglich. Grundsätzlich zählt man zu den Zwetschken die kleineren, beidseitig spitz zulaufenden Früchte. Die Zwetschken sollen zur vollen Zucker- und Aromabildung so lange wie möglich auf dem Baum bleiben. Die Früchte können ruhig etwas zu schrumpfen beginnen.

2.4.3 Pflaumen

Die Früchte sind mehr abgerundet, das Fleisch ist weicher und löst sich weniger gut vom Stein. Zucker- und Säuregehalt liegen etwas tiefer als bei den Zwetschken, auch das Aroma ist weniger ausgeprägt.

2.4.4 Mirabellen

Die Mirabellen sind eine gelbe, runde, etwa kirschgroße Pflaumenart. Der Geschmack ist sehr angenehm und süß. Der hohe Zuckergehalt (bis 15%) ergibt eine gute Ausbeute. Der Mirabellenbrand ist ein ausgezeichnetes und aromatisches Destillat.

2.4.5 Pfirsiche und Marillen

Da es sich hier um wertvolle Tafel-, Marmelade- und Konservierungsfrüchte handelt, kommt im allgemeinen nur Ausschußware in den Brennkessel. Das typische Fruchtaroma geht leider bei der Gärung vielfach stark verloren.
Marillen nach der Gärung rasch abbrennen – sonst Aromaverluste, Zuckergehalt bis 10% (auf die gesamte Frucht bezogen)! Für Spitzenbrände nur am Baum voll ausgereifte Früchte verwenden.

Zusammensetzung von Steinobstarten (alle Werte sind auf Fruchtfleisch bezogen)							
		Süß-kirschen	Sauer-kirschen	Zwetschken	Pflaumen	Aprikosen	Pfirsiche	Reneklöden
Wasser	(g/100 g)	78–86	78–88	81–85	76–92	78–93	80–89	80,7
Gesamtzucker	(g/100 g)	10–17	7–15	8–15	3–15	3–16	6–16	12,3
Saccharose	(g/100 g)	max. 1	max. 1	1,8	1–4	1–5	4–7	3,6
Gesamtsäure	(g/100 g)	0,64–0,7	1,59–2,13	–	1,0	0,3–2,6	0,8	–
Stickstoffhaltige Verbindungen	(g/100 g)	0,5–1,2	0,8–1,1	0,8	0,5–1,0	0,8–1,1	0,5–1,0	0,79
Fett	(g/100 g)	0,5–0,8	0,5	0,1–0,2	0,1–0,2	0,1–0,2	0,1–0,2	–
Asche	(g/100 g)	0,3–0,6	0,3–0,6	0,6	0,3–0,7	0,4–1,0	0,3–0,6	0,6
Pektin (ber. als Ca-Pektat)	(g/100 g)	0,1–0,8	0,1–0,4	0,8–1,0	0,3–1,5	0,5–1,3	0,6–1,0	–
Phenolische Stoffe	(g/100 g)	0,1	–	0,07	–	0,07	0,1	–
Vitamin C	(mg/100 g)	4–16	–	1–5	–	2,5–1,0	2–20	–
pH		4,0	–	3,3	–	3,7	3,7	–

Quellen: Schormüller (1968), Souci-Fachmann-Kraut (1969), Fritzsche (1965), Löschnig und Passecker (1954).

2.5 Beerenfrüchte

2.5.1 Schwarzer Holunder

Der Zuckergehalt der Holunderbeeren beträgt durchschnittlich 4–5%. Die Ausbeute ist daher eher gering. Beim Brennen ist zu beachten, daß die Maische gern überschäumt. Der Holunderbrand hat einen typischen Geschmack und gilt als Spezialität. Verarbeitung siehe Seite 134.

2.5.2 Ebereschen (Faulbeeren, Vogelbeeren)

Die wilde Eberesche, die in der Natur häufig anzutreffen ist, hat einen gerin-

gen Zuckergehalt. Einen wesentlich höheren Zuckergehalt hat die veredelte oder mährische Eberesche.

Der echte, reine Ebereschenbrand ist fast eine Seltenheit. Gute Qualitäten sind in Geschmack und Aroma hervorragend und finden guten Absatz. Im Volksmund wird ihm auch ein großer gesundheitlicher Wert nachgesagt. Ernte und Aufarbeitung zur Maische sind sehr arbeitsaufwendig, die Ausbeute ist eher gering. Der Preis ist daher auch wesentlich höher wie der eines normalen Obstlers. Der Zuckergehalt beträgt 4 bis 8%

Eberesche – eine schöne und wertvolle Frucht

Jeder Gartenbesitzer sollte mindestens einen Eberesсhenbaum in seinem Garten haben.

2.5.3 Wacholderbeeren

Es sind dies die Früchte des Wacholderstrauches. Sie kommen meistens getrocknet in den Handel. Der Zuckergehalt ist sehr hoch und beträgt bei Trockenfrüchten 20 bis 30%. Daneben enthalten sie viel Harz und ätherische Öle, die dem Wacholderbrand seinen eigenartigen Geruch und Geschmack verleihen. Reiner Wacholderbrand wird heute kaum mehr getrunken; meist wird er mit einem neutralen Destillat verschnitten.

2.5.4 Himbeeren

Himbeeren verlieren leider beim Brennen einen Großteil ihres feinen Aromas. Da sie sehr leicht schimmeln, ist eine rasche Verarbeitung notwendig. Der

Zuckergehalt schwankt sehr und beträgt je nach Sorte und Reifezustand 4 bis 7%. Da zur Verwertung nicht die besten Früchte verwendet werden (Preisfrage), ist eher der untere Wert anzutreffen.

Nach der Gärung rasch abbrennen, damit das Himbeeraroma erhalten bleibt.

2.6 Wurzeln

2.6.1 Enzian

Der in den Alpenländern vorkommende Enzian bildet große Wurzelstöcke. Für die Brennerei werden die Wurzeln folgender Enzianarten verwendet:

Gelber Enzian – *Gentiana lutea*
Punktierter Enzian – *Gentiana punctata L.*
Rotblühender Enzian – *Gentiana purpurea*
Pannonischer oder Ungarischer Enzian – *Gentiana pannonica L.*

Wenn jemand die Wurzeln selbst graben möchte, muß er die Naturschutzbestimmungen beachten. In vielen Gebieten stehen diese Enzianarten unter Naturschutz. Eine Grabegenehmigung kann von der zuständigen Behörde (Bezirkshauptmannschaft) ausgestellt werden.

Die Wurzeln können frisch oder getrocknet verwendet werden. Der Zuckergehalt der Frischware beträgt etwa 7 bis 16%; bei Trockenware kann der Zuckergehalt bis zu 30% ansteigen. Das Wesentliche sind die Bitterstoffe, welche dem Enzianbrand den charakteristischen Geschmack verleihen.

2.6.2 Meisterwurz = Kaiserwurz *(Imperatoria struthium L.)*

Es ist eine wildwachsende Gebirgspflanze, die zur Familie der Doldenblütler gehört. Zum Brennen wird die Wurzel verwendet. Der Brand soll bei Magenverstimmungen besonders gut wirken. Er hat ein feines Aroma und wird heute vielfach dem Enzianbrand vorgezogen.

Die Wurzeln können frisch oder getrocknet verwendet werden. Wer selbst graben möchte, muß wieder die Naturschutzbestimmungen beachten (Grabegenehmigung der Bezirkshauptmannschaft).

2.7 Weine und Rückstände

2.7.1 Traubenwein

Der Alkoholgehalt beträgt im allgemeinen zwischen 9 und 12 %vol. Wein ist zum Brennen sehr gut geeignet. Der gewonnene Branntwein aus Traubenmaische oder Traubenwein wird als „Weinbrand" bezeichnet.

Wie weit nun Wein gebrannt wird, ist meistens eine Kalkulationsfrage. Gute Weine bringen über den Direktverkauf sicher einen besseren Erlös.

Wein aus Direktgärten und verschiedene Weinreste können vorteilhaft über die Brennerei verwertet werden.

2.7.2 Obstwein oder Most

Im allgemeinen werden die ganzen Früchte eingemaischt und gebrannt. Das Kernobst (Äpfel und Birnen) kann aber vorher gepreßt und der Saft zu Obstwein vergoren werden. Das Brennen selbst ist beim Obstwein sicher etwas einfacher, besonders bei einwandigen Brennkesseln, das Destillat hat aber auch einen anderen Geschmack.

In Frankreich wird der bekannte Calvados aus Obstwein erzeugt. Das reife, saubere Obst wird gepreßt, der Saft durch ein Tuch geseiht und in das gereinigte Faß gegeben. Pro Hektoliter $1/2$ Kaliumpyrosulfit-Tablette (in Wasser auflösen) und Reinzuchthefe in einer Menge von 1 l Anstellmost pro Hektoliter (oder Trockenhefe lt. Gebrauchsanweisung) dazugeben. Ein Zehntel des Faßinhaltes bleibt als Gärraum frei. Das Faß wird mit einem Gärspund verschlossen. Bei einer Temperatur von 18° C ist nach drei Wochen die Gärung beendet. Beim Brennen von Most sind die gesetzlichen Bestimmungen zu beachten.

Der Alkoholgehalt hängt von der Obstqualität ab und beträgt durchschnittlich 6%. Der Most eignet sich besonders zum Brennen in einwandigen Brennkesseln, da er nicht anbrennen kann.

Wenn man zum Brennen fehlerhafte und kranke Obstweine verwendet, muß man natürlich mit einer schlechten Destillatqualität rechnen. Besonders schlecht sind essigstichige Obstweine, denn die Essigsäure geht mit dem Alkohol über und befindet sich dann im Destillat. So ein Most muß vorher entsäuert werden, oder man verarbeitet ihn gleich zu Essig weiter.

2.7.3 Geläger von Obst- und Traubenweinen

Dies ist der Gärungsrückstand, der aus abgestorbener Hefe, Schmutz und etwas Wein besteht. Nur frisch verwenden, solange die Hefe nicht in Fäulnis übergegangen ist.

Das Geläger schäumt beim Brennen sehr stark und geht leicht in den Kühler über, daher Vorsicht beim Brennen! Da auch bestimmte Geruchs- und Geschmacksstoffe übergehen, ist es besser, das Geläger in dichte Säcke zu füllen, abzupressen und den gewonnenen Saft zum Brennen zu verwenden.

2.7.4 Obst- oder Weintrester

Sie können vergoren und dann gebrannt werden. Die Ausbeute bei Obsttrestern beträgt ca. $1^{1}/_{2}$ bis 2 l Alkohol pro 100 kg Trester. Bei Weintrestern hängt die Ausbeute von der vorherigen Auslaugung der Trester ab.

3. Voraussichtliche Alkoholausbeute

Vor dem Einmaischen sollte man sich einen Überblick über die zu erwartende Alkoholausbeute verschaffen, dadurch kann man eine entsprechende Obstauswahl treffen.
Im Saft der Früchte bilden die gelösten Stoffe den „Extrakt". Aus dem Extraktgehalt kann auf den Zuckergehalt geschlossen werden.

3.1 Geräte zur Extraktbestimmung

In Kleinbrennereien verwendet man dazu das Saccharometer (nach Brix, nach Plato), die Öchsle-Waage und das Handrefraktometer.

3.1.1 Saccharometer

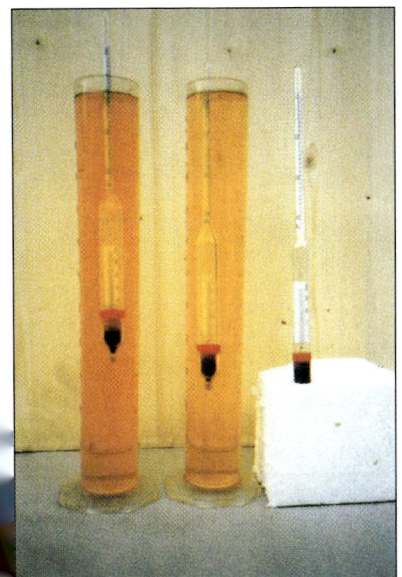

Saccharometer mit Thermometer, Mitte – Spindel sinkt weit ein, vergoren; links – unvergoren, Spindel teilweise eingetaucht

Dies ist eine Senkwaage (Aräometer), die in einer Wasser-Zucker-Lösung bei einer bestimmten Temperatur (normal 20° C) geeicht wurde. Die Eichtemperatur ist auf dem Saccharometer angegeben, und der zu messende Saft soll diese Temperatur haben, da die Werte sonst nicht stimmen. Weil der Extrakt hauptsächlich aus Zucker besteht, wird der gemessene Wert oft als %-Zuckergehalt angegeben, was für die Ausbeuteberechnung aber zu ungenau ist. Man muß unbedingt die Nichtzuckerstoffe berücksichtigen.

Arbeitsweise
* Verwende ein Saccharometer mit eingebautem Thermometer!
* Das Saccharometer und der Meßzylinder müssen sauber und fettfrei sein.

Extraktgehalte unvergorener Maischen aus Obststoffen			
Material	Saccharo-meter (nach PLATO) (%mas)	Mostge-wichtswaage (N. T. = 20° C) (Mostgewicht)	Literatur, Anmerkungen
Äpfel, Birnen; ohne Sortenangabe	12–17	48–68	WINDISCH/RÜDIGER/ SCHWARZ/MALSCH (1965)
Tafeläpfel (11 Sorten)	11–16	44–64	RÖHRIG/PIEPER (1982, 1983)
Sortenreine Tafeläpfel			
James Grieve	12–14 (10–11)	48–56	RÖHRIG/PIEPER (1982) sowie
Gravensteiner	10–14	40–56	Ergebnisse aus laufenden
Goldparmäne	11–15	44–60	Untersuchungen in den
Cox	12–18	48–72	Jahren 1975–80 aus der
Jonagold	(12–16)		Abt. Gärungstechnologie
Jonathan	11–15	44–60	der Universität Hohenheim
Oldenburg	13	52	mit Bodensee-Obst von
Boskoop	12–17	48–68	immer gleichem Standort.
Red Delicious	14–15	56–60	Die in Klammern stehenden
Golden Delicious	11–17	44–68	Angaben gehen zurück
McIntosh	(11–12)		auf MÜLLER/SCHOBINGER (1974)
Mostbirnen (9 Sorten)	14–17	56–68	RÖHRIG/PIEPER (1979)
Tafelbirnen (11 Sorten)	10–16	40–64	RÖHRIG/PIEPER (1982, 1983)
Williams-Christ-Birne	9–14	40–56	KOLB (1973); NOSKO (1974), RÖHRIG/PIEPER (1982, 1983)
Kirschen	13–22	52–88	WINDISCH/RÜDIGER/ SCHWARZ/MALSCH (1965)
Sauerkirschen (14 Sorten)	10–17	40–68	PIEPER/GRAF (1985)
Zwetschken	10–20	40–80	WINDISCH/RÜDIGER/ SCHWARZ/MALSCH (1965)
Pflaumen	10–15	40–60	WINDISCH/RÜDIGER/ SCHWARZ/MALSCH (1965)
Mirabellen	16–18	64–72	WINDISCH/RÜDIGER/ SCHWARZ/MALSCH (1965)
Himbeeren, Heidel-beeren, Brombeeren	8–10	32–40	WINDISCH/RÜDIGER/ SCHWARZ/MALSCH (1965)
Vogelbeeren	15–25	60–100	WINDISCH/RÜDIGER/ SCHWARZ/MALSCH (1965)
Holunderbeeren	8–11	32–44	WINDISCH/RÜDIGER/ SCHWARZ/MALSCH (1965)
Topinambur	14–16	56–64	WINDISCH/RÜDIGER/ SCHWARZ/MALSCH (1965)

* Der Meßzylinder darf nicht zu eng sein, damit sich das Saccharometer frei bewegen kann.
* Die zu messende Flüssigkeit muß frei von Feststoffen sein.
* Die Safttemperatur muß mit der Eichtemperatur übereinstimmen (sonst Korrektur).
* Wenn sich Luftbläschen am Saccharometer befinden, nochmals herausnehmen und erneut vorsichtig eintauchen.
* Für die Ablesung gibt es zwei Möglichkeiten. Wenn am Saccharometer nichts angegeben ist, so erfolgt „Ablesung unten". Bei „Ablesung oben" muß dies angeschrieben sein (siehe Abbildung Seite 116).

* Größere Temperaturschwankungen müssen berücksichtigt werden. Pro Grad Übertemperatur werden 0,06% zugezählt, pro Grad Untertemperatur werden 0,06% abgezogen.

3.1.2 Öchsle-Waage (auch Mostwaage genannt)

Diese Senkwaage ist auf das Dichteverhältnis einer Flüssigkeit bezogen. Je mehr Stoffe in einer Flüssigkeit gelöst sind, desto höher ist ihre Dichte. Die Arbeitsweise ist gleich wie beim Saccharometer.

Temperaturkorrektur
Bei Übertemperatur werden 0,02° pro Temp.-Grad zugezählt.
Bei Untertemperatur werden 0,02° pro Temp.-Grad abgezogen.

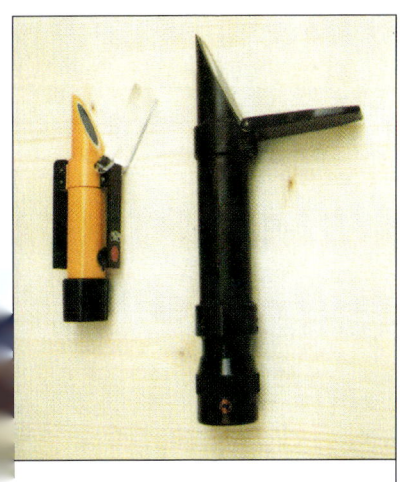

Refraktometer

Umrechnung auf Saccharometerprozente:

$$\frac{\text{Öchslegrade}}{4} = \text{Saccharometerprozente}$$

3.1.3 Refraktometer

Die Messung mit dem Refraktometer ist eine optische Methode. Man benötigt nur einige Tropfen Saft, die frei von Feststoffen sein müssen. Um einen guten Durchschnitt zu erhalten, sollten mehrere Messungen durchgeführt werden. Die Messung hat nach Gebrauchsanleitung zu erfolgen.

3.2 Berechnung des Zuckergehaltes des Obstsaftes

Der mit dem Saccharometer oder Refraktometer gewonnene Wert ergibt den Extraktgehalt. Nach Abzug der Nichtzuckerstoffe erhält man den ungefähren Zuckergehalt.

Tab.: Annähernde Werte der Nichtzuckerstoffe	
Obstart	**Nichtzuckerstoffgehalte (Nz) der Säfte**
Äpfel	2,5 %
Birnen	3,5 %
Brombeeren	3,5 %
Erdbeeren	3,5 %
Heidelbeeren	3,5 %
Himbeeren	3,5 %
Johannisbeeren	3,5 %
Stachelbeeren	3,5 %
Zwetschken	4,0 %
Kirschen	5,0 %
Eberesche	7,0 %

Dies sind Mittelwerte; innerhalb einer Obstart gibt es noch von Sorte zu Sorte und beim Reifegrad Unterschiede.

% Zucker = % Extrakt – Nichtzuckerstoffe = % E – Nz

$$\% \text{ Zucker} = \frac{°\text{Öchsle}}{4} - NZ$$

Beispiel

Ein Apfelsaft hat 44° Öchsle- bzw. 11 Gew.% E, die Nz betragen 2,5%

% Zucker im Saft $= \dfrac{44}{4} - 2,5 = 8,5$

Diesen Zuckergehalt besitzt der Saft. In der Maische ist der Zuckergehalt etwas geringer, da die festen Bestandteile (Trester) keinen Zucker enthalten.

3.3 Berechnung des Zuckergehaltes der Maische

Man muß den Tresteranteil der Maische berücksichtigen.

Rohstoff	Trestergehalt (Tg) in Maischen	Tresterfaktor T
Äpfel	6–8%[1]	0,94–0,92
Birnen	8–10%[1]	0,92–0,90
Zwetschken	11–12%[1]	0,89–0,88
Kirschen	15%[1]	0,85
Sortenreine Tafeläpfel		
Gravensteiner	3,0%[2]	0,97
James Grieve		
Boskoop		
Cox		
Golden Delicious	3,5%[2]	0,965
Goldparmäne		
Jonathan	4,0%	0,96
[1]Schätzwert [2]Meßwert		

Bei gut entwickelten und ausgereiften Früchten ist der untere Wert zu nehmen.

Beispiel

Gut ausgereifte Äpfel werden eingemaischt. Der Extraktgehalt im Saft beträgt 11%, der Trestergehalt 6% = 0,94 Tresterfaktor

% Zucker im Saft = %E – Nz = 11 – 2,5 = 8,5

% Zucker in der Maische = Zucker im Saft x Tresterfaktor

% Zucker in der Maische = 8,5 x 0,94 = 7,99 (8)

3.4 Ermittlung der voraussichtlichen Alkoholausbeute

Aus 100 kg Zucker entstehen theoretisch 64,5 Liter Alkohol. In der Praxis der kleinen Brennereien rechnet man mit 50 Liter (Faktor 0,5), da bei der Verarbeitung Verluste auftreten.

Alkoholausbeute pro 100 l Maische = Zuckergehalt x 0,5

Zusammengefaßte Berechnungsformel
Liter reiner Alkohol pro 100 Liter Maische =
(% Extrakt – Nichtzuckerstoffe) x Alkoholfaktor x Tresterfaktor
1 r. A./100 lM = (% E – Nz) x 0,5 x T

Beispiel
Apfelmaische mit 11% Extrakt
1 r. A./100 lM = (11 – 2,5) x 0,5 x 0,94 = 3,99
Aus dieser Maische müßte man 4(3,99) l Alkohol gewinnen können.

Die errechnete Alkoholausbeute ist ein Richtwert. Wenn die echte Alkoholausbeute stark nach unten abweicht, ist dafür die Ursache zu suchen (Gärung steckengeblieben, Fehlgärung, falsche Messungen für die Berechnung usw.). Der Vorlauf ist natürlich in der errechneten Alkoholausbeute enthalten.
Diese errechneten 4 Liter Alkohol beziehen sich auf Vor-, Mittel- und Nachlauf. Die verwertbare Destillatmenge des Mittellaufes ist entsprechend geringer und hängt von der notwendigen Vor- und Nachlaufabtrennung ab.

4. Gärbehälter und ihre Pflege

Als Gärbehälter können die verschiedensten Gefäße verwendet werden, wenn sie bestimmte Bedingungen erfüllen. Sie müssen gut zu reinigen bzw. sauber sein, denn jede Verschmutzung kann zur Beeinträchtigung der Maische führen. Weiters sollen sie eine genügend große Öffnung zum Einfüllen und zur Entnahme der Maische besitzen. Eine größere Öffnung ist auch für die Reinigung vorteilhaft.

Das Faßmaterial muß so beschaffen sein, daß es nicht von der Maische angegriffen bzw. die Maische geschmacklich nicht beeinflußt wird; außerdem sollen keine schädlichen Stoffe in die Maische gelangen.

Gärbehälter für Maische mit vorschriftsmäßiger Kennzeichnung (Faßnummer mit römischen Ziffern und Faßinhalt mit arabischen Ziffern)

Diese Forderungen erfüllen besonders Edelstahl- und Kunststoffbehälter. Auch innen verglaste oder mit einem Schutzanstrich versehene Betonbehälter sind gut geeignet. Sie sind besonders dort am Platz, wo große gleichartige Maischemengen anfallen.

Wichtig ist, daß die Maische niemals für längere Zeit mit blanken Metallteilen (besonders mit Eisen und Aluminium) in Berührung kommt. Die Fruchtsäure greift die Metallteile teilweise an, und es kann zu fehlerhaften Bränden kommen.

4.1 Gärbehälter

4.1.1 Holz

Das Holzfaß war früher der bevorzugte Maischebehälter. Seine Verwendung geht zugunsten von Kunststoff- und Edelstahlbehältern immer mehr zurück. Der Nachteil des Holzfasses ist die Pflegebedürftigkeit. Es ist schwerer zu reinigen, leere Fässer müssen konserviert und vor Gebrauch wieder betriebsbereit gemacht werden. Bei schlechter Wartung können sich Schimmelpilze, Essigbakterien und andere Mikroorganismen in den Holzporen ansiedeln. Für längere Maischelagerung sind sie nicht geeignet, da Holz nicht luftdicht ist.

Gesunde Holzfässer können zur Maischevergärung noch ohne weiteres verwendet werden, wenn keine Lagerung der vergorenen Maische erfolgt. Neue Holzfässer für die Maischevergärung zu kaufen ist sicher nicht mehr zweckmäßig.

4.1.2 Kunststoff

Behälter aus Kunststoff bestehen aus Niederdruckpolyethylen und glasfaserverstärkten Polyesterharzen. Die Fässer sind in Größen von 30 bis 220 Liter erhältlich und daher bei den Abfindungsbrennern und Stoffbesitzern sehr beliebt. Es gibt natürlich auch größere Behälter.

Ihre Vorteile sind:
* geringes Gewicht
* hohe Stabilität
* leichtes Reinigen der glatten Innenflächen
* große Einfüllöffnung
* auch volle Fässer können noch gut transportiert werden
* dicht schließender Deckel
* lange Lebensdauer

Bei anderen Kunststoffarten kann der Alkohol Stoffe herauslösen; dies führt zu Geschmacksfehlern.

Beim Kauf von gebrauchten Fässern ist zu überprüfen, ob sie keinen Fremdgeruch von früherem Füllgut haben. In diesem Fall sind sie nicht geeignet, da der

Geruch bei der Gärung in die Maische übergeht und dann natürlich auch im Destillat enthalten ist.

Für die Lagerung des Rauhbrandes nur Behälter verwenden, die für diesen Alkoholgehalt geeignet sind; für hochprozentige Destillate nicht verwenden.

4.1.3 Beton

Diese Behälter eignen sich besonders gut für größere Maischemengen.

Der Beton muß mit einem alkoholunlöslichen Schutz (Lack, Glas) überzogen bzw. verkleidet werden. Es dürfen natürlich auch vom Innenanstrich keinerlei Geruchs- oder Geschmacksstoffe an die Maische abgegeben werden. In

Edelstahlbehälter

besonderen Fällen soll man sich mit einer verläßlichen Firma in Verbindung setzen.

4.1.4 Metall

Nicht rostender Edelstahl (z. B. V2A, V4A) ist ein idealer Werkstoff für Metallbehälter. Er ist säurebeständig, langlebig, hat ein geruchs- und geschmacksneutrales Verhalten dem Tankinhalt gegenüber und ist vollkommen luftdicht. Edelstahlbehälter sind auch bestens für die Lagerung hochprozentiger Destillate geeignet und preislich erschwinglich.

4.2 Reinigung der Gärbehälter

Kunststoff- und Betonbehälter lassen sich wegen ihrer glatten Oberfläche leicht reinigen; lauwarmes Wasser und eine weiche Bürste genügen. Stark verschmutzte Behälter sind mit Wasser zu füllen und nach einigen Tagen zu reinigen. Alle Gärbehälter mit einem Innenbelag sind so zu reinigen, daß der Belag nicht beschädigt wird. Die Firmen, die solche Anstriche herstellen, geben Gebrauchsanleitungen für die Reinigung.

Holzfässer, die gesund sind, das heißt frei von Schimmel und Essigstich, und keinen Innenanstrich haben, werden bei leichter Verschmutzung mit kaltem oder lauwarmem Wasser gut ausgespült und mit einer harten Bürste ausgebürstet, bis kein Schmutzwasser mehr abfließt.

Stark verunreinigte Fässer werden wie folgt gewaschen:

1. Kalt auswaschen, eventuell das Wasser einige Tage stehenlassen, mit harter Bürste bürsten;
2. mit heißer 2%iger Sodalösung oder einem anderen wirksamen Reinigungsmittel ausbürsten;
3. mit heißem Wasser ausspülen;
4. mit kaltem Wasser nachspülen, bis dieses klar, geruch- und geschmacklos abläuft.

Wichtig ist es, die Fässer zuerst mit kaltem Wasser zu waschen. Heißes Wasser würde die Poren öffnen, und unerwünschte Stoffe könnten in die Poren eindringen. Diese Stoffe würden dann bei der Gärung ausgelaugt. Beim Spülen und Waschen mit heißem Wasser ist das Türchen offenzuhalten und soll vom Gesicht abgewendet sein (Verletzungsgefahr).

Ein Hochdruckreinigungsgerät eignet sich gut zur Faßreinigung.

Eignung verschiedener Werkstoffe und Auskleidungen für Behälter zur Gärung sowie Lagerung von Maischen, Mosten und Destillaten							
		Eignung als				Beständigkeit gegenüber	
Werkstoff	Auskleidung	Gärbehälter	Lagerbehälter f. Maischen und Moste	Lagerbehälter für alkoholische Destillate unter 25 %vol	über 25 %vol	Fruchtsäuren	Schwefeldioxid (SO$_2$)
Metalle Edelstahl (Chrom-Nickel-Molybdänstahl, V 4 A-Stahl)	keine	+	+	+	+	+	+
Edelstahl (Chrom-Nickel-Stahl, V 2 A-Stahl)	keine	+	+	+	+	+	(+)
Stahl (Siemens-Martin-Stahl)	Glasemail	+	+	+	+	+	+
Stahl (Siemens-Martin-Stahl)	Kunststoff	+	+	(+)	−	+	+
Stahl (Siemens-Martin-Stahl)	plattierter Edelstahl	+	+	+	+	+	+ bis (+)
Aluminium	Kunststoff	+	+	(+)	−	+	+
Kunststoffe Niederdruck-Polyethylen	keine	+	+	+	(+) bis −	+	+
Glasfaserverstärkte Polyesterharze	keine	+	+	−	−	+	+
Glasfaserverstärkte Polyesterharze	Kunstharz	+	+	(+)	(+) bis −	+	+
Steinzeug	Glasierung	+	+	+	+	+	+
Glas	keine	+	+	+	+	+	+
Beton Beton	pechartige Schmelzmassen	+	+	(+)	−	+	+
Beton	Kunstharz	+	+	(+)	−	+	+
Beton	Glasplatten mit zementierten Fugen	−	−	(+)	(+)	−	−
Beton	keine	−	−			−	−
Holz Holz	keine	+	+	(+)	(+)	+	+
Holz	pechartige Schmelzmassen	+	+	(+)	−	+	+
Holz	Kunstharz	+	+	(+)	−	+	+

+ = geeignet bzw. beständig, (+) = bedingt geeignet bzw. bedingt beständig, − = nicht geeignet bzw. nicht beständig
aus „Technologie der Obstbrennerei", Pieper, Bruchmann, Kolb

4.3 Kranke Fässer

Bei schlechter Reinigung und Aufbewahrung können Holzfässer schimmelig oder auch essigstichig werden. Eine Verwendung solcher Fässer würde sich auf die Destillatqualität ungünstig auswirken. Sie müssen daher vor der Verwendung besonders gereinigt werden.

Falls keine einwandfreie Wiederherstellung der Fässer möglich ist, soll man sie nicht mehr verwenden.

4.3.1 Schimmelige Fässer

Wenn die Fässer falsch gelagert oder nicht eingeschwefelt werden, kann sich im Inneren ein Schimmelbelag bilden. Falls es sich um ein geschlossenes Faß handelt, muß dieses unbedingt aufgemacht werden. Zuerst muß der Schimmel mit einer harten Bürste **trocken** abgebürstet werden; anschließend mit kaltem Wasser und dann erst mit heißem Wasser und Soda reinigen. Die Einhaltung dieser Reihenfolge ist besonders wichtig, weil sonst der Schimmelgeschmack zu tief in die Poren eindringen kann. Wenn es sich um billige Fässer handelt, ist es bei starker Verschimmelung günstiger, sie zu Brennholz zu verarbeiten.

Eignung von Reinigungsmitteln für Behälterinnenflächen verschiedener Materialien					
Werkstoff	Auskleidung	Reinigungsmittel			
		schwach alkalisch[1]	sauer	chlor- haltig	fluor- haltig
Edelstahl	keine	+	+	–	–
Stahl	Glasemail	+	+	+	–
Stahl	Kunststoff	+	+	+	+
Aluminium	Kunststoff	+	+	+	?
Glasfaserverstärktes Polyesterharz	keine oder Kunststoff	+	+	+	?
Niederdruck- Polyethylen	keine	+	+	+	?
Beton	Kunststoff	+	+	+	?
Beton	pechartige Schmelzmassen	–	+	+	?
Steinzeug, glasiert	keine	+	+	+	–
Glas	keine	+	+	+	–

[1] Stark alkalische Reinigungsmittel sind außer für Glas für die oben angeführten Werkstoffe und Auskleidungen nicht zu empfehlen
+ = geeignet, – = nicht geeignet, ? = fraglich

4.3.2 Essigstichige Fässer

In schlecht gelagerter Maische verwandeln die Essigsäurebakterien bei Luftzutritt den Alkohol in Essigsäure. Die Essigsäure geht mit dem Alkohol in das Destillat über. Solche Fässer müssen auch besonders behandelt werden. Auswaschen allein hilft nicht, da die Essigsäurebakterien sich teilweise in den Holzporen befinden. Nach der normalen Reinigung soll man solche Fässer ausdämpfen, bis die Außenwand des Fasses heiß wird. Das Spundloch oder Türchen soll nach unten liegen, damit das Kondenswasser ablaufen kann. Die weitere Behandlung erfolgt dann wie bei gesunden Fässern.

4.4 Behandlung leerer Fässer – Faßkonservierung

Alle Gärbehälter außer Holzfässern werden nach der Reinigung so aufgestellt, daß das Restwasser ablaufen kann. Nach dem Austrocknen werden sie bis zum nächsten Gebrauch aufbewahrt. Vor der neuerlichen Verwendung werden sie nochmals gut ausgespült.

Holzbottiche und Holzfässer mit Deckel können auch offen an einem luftigen Ort aufbewahrt werden. Holzfässer mit Türchen sollen unbedingt geschwefelt werden, damit sie bis zum nächsten Gebrauch gesund bleiben. Man verwendet dazu Schwefelschnitten, denn nur bei diesen verbrennt der Schwefel ohne abzutropfen. Für kleinere Fässer verwendet man eine Schnitte/Hektoliter und für größere $1^{1}/_{2}$ Schnitten/Hektoliter Faßinhalt. Das Einschwefeln soll dann alle 8 bis 10 Wochen mit der halben Menge wiederholt werden.

Vorgang

Am Faßtürchen wird ein Draht befestigt. An diesem Draht werden die notwendigen Schwefelschnitten locker aufgehängt. Nach dem Anzünden der Schwefelschnitten werden diese in das Faß eingeführt, wobei das Türchen sofort fest aufgesetzt wird. Die Schwefelschnitten sollten im verschlossenen Faß verbrennen (Sauerstoffentzug).

Durch das öftere Einschwefeln (auch Einbrennen genannt) sammelt sich im Faßholz eine größere Menge Schwefelsäure, die durch Verbindung der schwefeligen Säure mit Sauerstoff entsteht. Bevor das Faß wieder verwendet wird, muß die Schwefelsäure entfernt werden. Man füllt das Faß mit reinem Wasser und läßt es einige Tage stehen. Nach dem Entleeren mit reinem Wasser nachspülen.

Faß wird zum Nachschwefeln geöffnet. Man sieht die brennende Schwefelschnitte am Türchen hängen.

Bei Holzfässern ist auch eine Naßkonservierung möglich. Die Fässer werden mit SO_2-hältigem Wasser befüllt, das pro hl etwa 25–50 g SO_2 enthält. Die 50 g/hl sind notwendig, wenn die Konservierung für 1 Jahr halten soll. Eine wäßrige 6%ige SO_2-Lösung ist im Handel nicht mehr erhältlich. Es gibt aber Spraydosen mit einem Inhalt von 1 Liter SO_2, womit auch eine genaue Dosierung möglich ist.

Verdunstete Flüssigkeit muß fallweise mit reinem Wasser ergänzt werden.

4.5 Inhaltsbestimmung von Gärbehältern

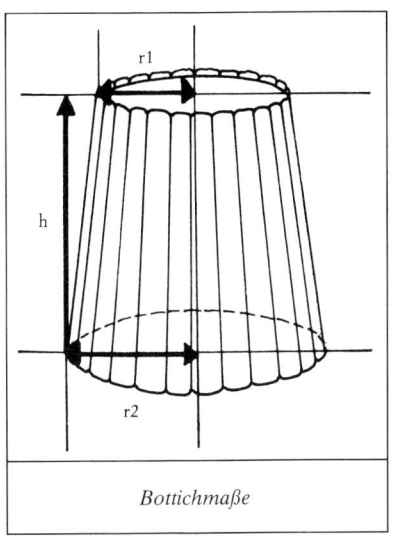

Bottichmaße

Der Inhalt der Gärbehälter ist für die Anmeldung der Maische beim zuständigen Zollamt notwendig.

Wenn keine geeichten Fässer zur Verfügung stehen, ist vor dem Einmaischen eine Inhaltsbestimmung bzw. Inhaltsberechnung notwendig. Der ermittelte Inhalt wird dann gleich deutlich am Gärbehälter angeschrieben (mit Ölfarbe).

Der Inhalt kann auf verschiedene Arten bestimmt werden.

4.5.1 Auswiegen

Falls eine geeignete Waage zur Verfügung steht, ist dies eine einfache Methode der Inhaltsbestimmung.

Vorgang: a) Leerfaß wiegen,

b) mit Wasser füllen und wiegen;

da 1 l Wasser rund 1 kg wiegt, erhält man den Inhalt nach Abzug des Leerfaßgewichtes.

Beispiel

gefülltes Faß . . . . 236 kg

leeres Faß . . . . − 46 kg

Inhalt . . . . 190 l

4.5.2 Auslitern

Kleinere Fässer, besonders wenn sie kein normales Maß haben, litert man am besten aus. Man nimmt eine geeichte Milchkanne oder ein anderes Gefäß, dessen Inhalt bekannt ist, und füllt den Gärbehälter, addiert die Wassermenge und hat damit den Inhalt.

4.5.3 Inhaltsberechnung bei Bottichen

Die Berechnung erfolgt nach der Formel: Inhalt = r^2 x π x h
h = die Höhe des Bottichs innen
π = eine Konstante von 3,14

$$r = \frac{r_1 + r_2}{2}$$

wobei r_1 der halbe Durchmesser des oberen und r_2 der halbe Durchmesser des unteren Bodens ist.

Beispiel
Beim Bottich mit nachstehender Abmessung soll der Inhalt berechnet werden.
Oberer Durchmesser = 72 cm, r_1 = 36 cm,
Unterer Durchmesser = 80 cm, r_2 = 40 cm, innere Höhe = 75 cm;

$$r = \frac{r_1 + r_2}{2} = \frac{40 + 36}{2} = 38 \text{ cm}$$

Der Inhalt = 38^2 x 3,14 x 75 = 340.062 cm^3 = 340 l.
Der Inhalt beträgt daher 340 l.

Die obige Formel für den Inhalt ist für die Praxis hinreichend genau. Es gibt wohl eine genauere, aber wesentlich kompliziertere Formel, bei der 340,35 l anstatt 340 l herauskommen.

5. Die alkoholische Gärung

Der Vorgang der Gärung, wie er sich im frischen Trauben- und Fruchtsaft abspielt, war schon den ältesten Völkern bekannt. Über die Umsetzungen, die bei der Gärung vor sich gehen wie über ihre Ursachen und Erreger hatte man bis ins 19. Jahrhundert nur unklare Vorstellungen. Vor rund 130 Jahren wurde als Gärungserreger die Hefe entdeckt.

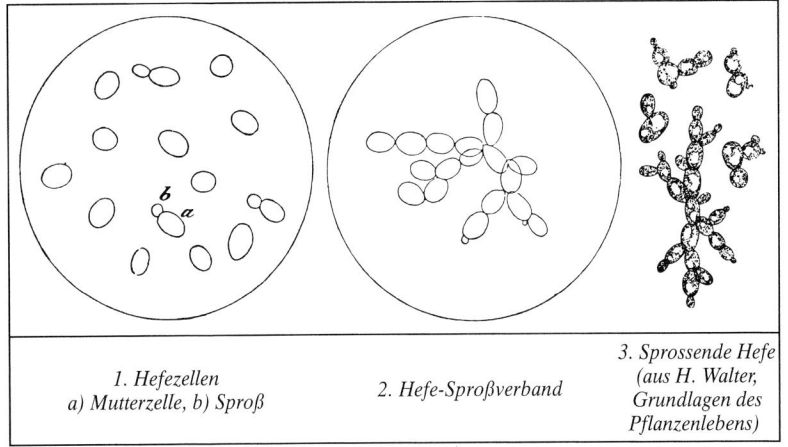

1. Hefezellen
a) Mutterzelle, b) Sproß

2. Hefe-Sproßverband

3. Sprossende Hefe
(aus H. Walter,
Grundlagen des
Pflanzenlebens)

5.1 Erreger der Gärung

5.1.1 Echte Hefen

Sie sind einzellige Kleinlebewesen, die zur Gruppe der Pilze gehören. Ihr Durchmesser beträgt 0,004 bis 0,014 mm. Nach der Entdeckung der Hefe fand man bald heraus, daß zwischen Hefe und Hefe Unterschiede bestehen und die einzelnen Hefestämme sich in ihrer Gärkraft und bei anderen Eigenschaften recht verschieden verhalten. In langwieriger Kleinarbeit wurden aus einzelnen Hefezellen Reinkulturen gezüchtet und ihr Gärvermögen genau untersucht. Die besten Stämme werden heute als Reinzuchthefe oder Reinhefe in den Handel gebracht.

5.1.2 Aufgabe der Reinzuchthefe

Sie hat den gesamten Zucker in Alkohol zu verwandeln, gute Geschmacks- und Aromastoffe zu bilden, die Alkoholbildung rasch zu vollziehen und keine störenden Nebenprodukte zu bilden. Es gibt auch spezielle Rassen, wie zum Beispiel Kaltgärhefen, die bis zu 5° C herab arbeitsfähig sind.

Man muß aber beachten, daß diese Kaltgärhefen bei niederen Temperaturen viel langsamer arbeiten, das heißt, die volle Vergärung der Maische dauert wesentlich länger. Man soll daher nach Möglichkeit auch bei Kaltgärhefen eine Gärtemperatur von 15 bis 18° C einhalten, damit die Gärung flott vor sich geht.

5.2 Andere Gärungserreger

Dies sind andere Hefearten wie Apiculatushefe und Kahmhefe. Sie bilden wenig Alkohol und zerstören zusätzlich wertvolle Bestandteile der Maische. Die Kahmhefe bildet bei Luftzutritt an der Oberfläche der Maische und des Weines oft dichte, grauweiße, runzelige Häute. Das Gärprodukt (Wein, Maische) verliert dabei an Qualität. Diese Gärungserreger sind nicht erwünscht und müssen durch richtige Gärführung (Zusatz von Reinzuchthefe, guter Faßverschluß) in ihrer Entwicklung unterdrückt werden.

5.3 Vorkommen der Hefen

Sie kommen überall in der Natur, auf allen Früchten wie Äpfeln, Birnen oder Beerenobst vor. Neben den echten Hefen sind auch Kahmhefen, Bakterien, Schimmelpilze und andere Mikroorganismen vorhanden. Durch Zusatz von Reinhefe werden die vielen unerwünschten Kleinlebewesen, die sich auch in der Maische befinden, in ihrer Entwicklung gehemmt. Man muß aber beachten, daß das Vorkommen der Wildhefe in der Natur stark von der Witterung abhängt. Bei naßkalter Herbstwitterung ist der Hefebesatz der Früchte viel geringer, und es kann sich die Gärung ohne Zusatz von Reinhefe verzögern.

5.4 Gärungsvorgang

Bei einer Temperatur um 20° C vermehrt sich die Hefe sehr rasch. Die Hefe enthält ein Fermentsystem namens „Zymase". Diese Zymase spaltet den vorhandenen Frucht- und Traubenzucker hauptsächlich in Alkohol und Kohlendioxid. Daneben werden noch andere Stoffe gebildet.

5.5 Gärungsgleichung

$C_6H_{12}O_6$	$\rightarrow$	2 C_2H_5OH	+	2 CO_2
Traubenzucker		Trinkalkohol		
Fruchtzucker		Ethylalkohol		Kohlendioxid
100 g	$\rightarrow$	51 g		49 g

Die Gärung soll möglichst ohne Luftzutritt erfolgen. Die Hefe kann ihren Sauerstoffbedarf auf andere Weise decken. Alle unerwünschten Kleinlebewesen, die zur Entwicklung Luftsauerstoff benötigen, können dadurch in ihrer Entwicklung gehemmt werden. Der von der Hefe gebildete Alkohol hemmt die Entwicklung der verschiedenen Kleinlebewesen, welche die gärende Maische ungünstig beeinflussen; daher ist ein rascher Gärbeginn sehr wichtig. Ab einer bestimmten Konzentration ist der Alkohol auch für die echte Hefe nicht mehr verträglich. Im allgemeinen hört die Tätigkeit der Hefe bei einem Alkoholgehalt von 14 bis 15% auf; mit speziellen Heferassen wurde ein Alkoholgehalt von 18% erreicht.

5.6 Gärungserzeugnisse

5.6.1 Alkohol

Das wichtigste Erzeugnis der Gärung ist der Trinkalkohol (Ethylalkohol). Die Menge hängt vom Zuckergehalt der Gärflüssigkeit beziehungsweise der Maische ab. Er ist leichter als Wasser (1 l wiegt 790 g) und siedet bei 78° C. Neben dem Trinkalkohol entstehen noch „höhere Alkohole", welche auch **Fuselöl** genannt werden.

5.6.2 Glycerin

Es ist eine ölige, süß schmeckende Flüssigkeit. In 1 l Wein sind ca. 6 bis 9 g Glycerin enthalten. Das Glycerin im Wein und in der Maische ist erwünscht, weil dadurch der Wein vollmundiger wird. Beim Brennen geht Glycerin nicht in das Destillat über.

5.6.3 Kohlendioxid

Es entsteht bei der Gärung in großen Mengen, ist schwerer als Luft und wirkt erstickend. In Gärkellern muß man für entsprechende Lüftung sorgen, damit die Gärgase abziehen können. Beim Betreten eines Gärkellers soll man immer eine brennende Kerze mitnehmen und in Arbeitshöhe aufstellen. Wenn die Kerze schlecht brennt oder gar erlischt (ohne Zugluft), hat man den Keller sofort zu verlassen (Erstickungsgefahr)!

Das gebildete CO_2 (Kohlendioxid) verursacht beim Entweichen eine starke Umwälzung der Maische.

Das CO_2 füllt auch den Freiraum oberhalb der Maische in den Gärbehältern. Dadurch wird der Sauerstoff verdrängt und es können sich keine sauerstoffliebenden Mikroorganismen (Essigsäurebakterien, Kahmhefen u. a.) entwickeln. Da CO_2 schwerer als Luft ist, bleibt es auf der Maische liegen. Dieser CO_2-Polster soll nicht zerstört werden, da sonst wieder Sauerstoff zur Maische gelangt.

5.6.4 Acetaldehyd

Er ist ein natürliches Produkt der Gärung; der Gehalt nimmt durch schlechte Gärführung stark zu. Sein Siedepunkt liegt bei 20° C, daher kann er bei sachgemäßer Vorlaufabbrennung leicht ausgeschieden werden. Er hat einen stechenden Geruch und Geschmack und ist im fertigen Destillat unerwünscht.

5.6.5 Fuselöl

Es sind dies höhere Alkohole mit Siedepunkten von 80–160° C. Es hat einen unangenehmen Geruch und Geschmack und ist im fertigen Destillat unerwünscht.

Wenn beim Feinbrennen die Alkoholkonzentration niedriger als 42 %vol. ist, gehen die höheren Alkohole rascher ins Destillat über. Man muß daher rechtzeitig auf Nachlauf umschalten.

5.6.6 Methanol (Methylalkohol)

Durch fruchteigene Enzyme wird aus dem Pektin das Methanol gebildet. Es ist giftig, hat einen alkoholähnlichen Geruch und einen Siedepunkt von 74,7° C. Bei der Destillation ist keine befriedigende Abscheidung möglich, und wir finden es daher im Vor-, Mittel- und Nachlauf. Obstbrände enthalten daher immer etwas Methanol.

5.6.7 Geruchs- und Aromastoffe

Zusätzlich zu den fruchteigenen Geruchs- und Aromastoffen erzeugen gute Heferassen neue Geruchs- und Aromastoffe, die für eine gute Destillatqualität unerläßlich sind. Bei schlechter Gärführung können sich diese Stoffe nicht in ausreichender Menge und Qualität bilden.

5.6.8 Sonstige Stoffe

Schlechte Geruchs- und Geschmacksstoffe, Essigsäure usw. bilden sich in geringen Mengen auch bei guter Gärführung. Diese Stoffe nehmen aber bei schlechtem Ausgangsprodukt und schlechter Gärführung rasch zu und geben dann natürlich eine schlechte Destillatqualität.

5.7 Einfluß der Temperatur auf die Gärung

Bei der Gärung wird etwas Wärme frei, das heißt, daß sich der Inhalt bei größeren Fässern erwärmt. Die ideale Gärtemperatur liegt bei 18 bis 20° C. Höhere Temperaturen bringen keine Vorteile. Bei 40° C stellt die Hefe die Gärtätigkeit ein, bei 60° C stirbt sie ab. Bei kleineren Obstmengen muß unbedingt beachtet werden, daß bereits beim Gärbeginn die Maischetemperatur mindestens 18° C beträgt.

Das Obst muß daher beim Einmaischen immer genügend warm sein (18 bis 20° C).

Kaltgärhefen gären wohl noch bei niedrigen Temperaturen (bis 5° C), doch sie arbeiten bei sinkender Temperatur immer langsamer. Im Hinblick auf eine flotte Vergärung ist auch bei der Kaltgärhefe eine Temperatur von 15 bis 18° C zu empfehlen.

Zu hohe Gärtemperaturen sind zu vermeiden. Es können dadurch Aroma- und Alkoholverluste auftreten.

Williams-Christ-Birnen sollen daher z. B. nicht über 18° C vergoren werden.

6. Reinzuchthefe und ihre Anwendung

Neben der wilden Hefe befinden sich auf dem Obst auch viele andere Mikroorganismen (Kleinlebewesen). Diese können sich auch in der Maische vermehren und teilweise unerwünschte Stoffe bilden. Erst wenn sich die wilde Hefe entsprechend vermehrt und Alkohol und CO_2 gebildet hat, werden viele Mikroorganismen in ihrer Entwicklung gehemmt. Die bis jetzt gebildeten unerwünschten Stoffe, welche die Destillatqualität beeinflussen, bleiben natürlich erhalten. Gibt man sofort beim Einmaischen Reinzuchthefe laut Gebrauchsanweisung dazu, ist die Hefe sozusagen in der Übermacht, und die übrigen Mikroorganismen werden in ihrer Entwicklung sehr rasch gehemmt. Zusätzlich entsteht ein reineres Gärprodukt.

6.1 Vermehrung der Reinzuchthefe

6.1.1 Trockenhefe

Die Verwendung von Trockenreinzuchthefe ist derzeit die gebräuchlichste Art, einen Hefezusatz zu machen.
Bei der Herstellung wird Reinzuchthefe vorsichtig getrocknet (Wasser entzogen). Sie wird dann – speziell verpackt – in verschiedenen Größen zu 100 g, 500 g usw. angeboten. Verschlossen beträgt die Haltbarkeit im Kühlschrank 1 Jahr. Angebrochene Packungen muß man rasch verschließen und im Kühlschrank aufbewahren. Die Packungsgröße ist so zu wählen, daß man angebrochene Packungen nicht übers Jahr lagern muß.
Anwendung: Damit die Hefe wieder das notwendige Wasser aufnehmen kann, soll man sie 15 bis 20 Minuten im warmen Wasser (35–max. 40° C) im Verhältnis von 1:10 (d. h. 100 g Hefe in 1 l Wasser) stehenlassen. Anschließend kann sie sofort der Maische zugesetzt werden, indem man sie einrührt oder über die Maischemühle zudosiert.
Die in Wasser eingeweichte Trockenhefe soll binnen einer Stunde verbraucht werden, da sie sonst durch Nahrungsmangel stark an Wirkung verliert.
Die Aufwandmenge für die verschiedenen Obstarten ist auf jeder Hefepackung angegeben und beträgt je nach Produkt 10–40 g pro hl Maische.

6.1.2 Flüssighefe

Bei Verwendung von Flüssighefe muß vorher ein Anstellmost bereitet werden. Man bestellt die Hefe ca. 14 Tage vor dem Einmaischen. Meistens ist eine Ge-

Trocken- und Naßhefe

brauchsanleitung für die weitere Verarbeitung beigegeben. Trotzdem soll hier auch der weitere Verlauf kurz beschrieben werden.

Nach Erhalt der Hefe, das bedeutet 8 bis 10 Tage vor dem Einmaischen, sammelt oder pflückt man einige Kilogramm reifes, sauberes und gesundes Obst (Äpfel oder Birnen). Man zerkleinert es und preßt sich 2 bis 3 l Saft aus (durch ein sauberes Tuch). Den Frischsaft erhitzt man in einem Edelstahl- oder Emailtopf auf Siedetemperatur, um alle Kleinlebewesen abzutöten. Man läßt dann den Saft zugedeckt auf 20° C abkühlen und füllt ihn in eine gut gereinigte Flasche. 20% des Flascheninhaltes sollen als Gärraum frei bleiben. Man gibt nun die Hefe dazu und verschließt mit einem Gärspund. Falls man keinen zur Verfügung hat, genügt es auch, die Flasche mit einem Wattepfropfen zu verschließen. Die Flasche wird dann ca. 3 Tage lang bei 20 bis 22° C aufgestellt. Nach dieser Zeit hat sich die Hefe genügend vermehrt, damit man eine Anstellmaische herstellen kann.

Merke: Bei Anwendung von Reinzuchthefe immer die Gebrauchsanleitung beachten! Trockenhefe ist derzeit in der Anwendung einfacher.

50

6.1.3 Preßhefe (Backhefe, Germ)

Sie eignet sich besonders zur Vergärung von Vogelbeeren, Wacholderbeeren und Enzianwurzeln. Die Hefezugabe beträgt 300 bis 500 g pro hl Maische. Die Anstelltemperatur der Maische soll ca. 24° C betragen, da die Preßhefe höhere Temperaturen braucht als die Weinhefe.

6.1.4 Bereitung und Anwendung der Anstellmaische

Wenn man im Laufe des Herbstes verschiedene Obstarten einmaischen will, verwendet man für die Anstellmaische am besten Äpfel oder Birnen, die besonders gut reif, sauber und frei von Fäulnis sind. Das gut angewärmte Obst wird durch die Maischemühle getrieben und in ein sauber gereinigtes Faß (50 bis 100 l Inhalt genügen im allgemeinen) gegeben und die vorher vermehrte Reinhefe dazugegeben. Das Faß so verschließen (Gärspund), daß keine Luft eindringen kann, die Gärgase aber noch entweichen können. Das Faß an einen warmen Platz (18 bis 20° C) stellen. Nach 4 bis 5 Tagen hat sich die Hefe so stark vermehrt, daß diese Maische als sogenannte Anstellmaische verwendet werden kann. Zur frischen Obstmaische werden 1 bis 2% – das heißt 1 bis 2 l – Anstellmaische pro Hektoliter Maische gegeben.

Wenn man nur einmal einmaischt, wird die ganze Anstellmaische aufgebraucht. Meistens wird aber mehrmals in gewissen Zeitabständen eingemaischt. Man muß es sich nun so einrichten, daß ein Drittel bis ein Viertel der Anstellmaische übrigbleibt. Man füllt dann wieder mit frischer Maische auf, vermischt das Ganze und verschließt wieder wie üblich. Nach einigen Tagen ist die Anstellmaische bereits wieder verwendungsfähig.

Sollte mehr als 10 Tage hindurch wenig oder keine Anstellmaische gebraucht werden, so gibt man ca. die Hälfte der Anstellmaische zu einer bereits gärenden Kernobstmaische dazu und füllt dann wieder mit frischer Apfel- oder Birnenmaische auf. Das ist wichtig, damit die Hefe wieder Nahrung erhält. Eine ausgegorene Anstellmaische hat keine lebensfähige Hefe mehr.

7. Das Einmaischen

Die süßen Früchte und Wurzeln speichern ihren Frucht- und Traubenzucker in den Zellen. Die Hefe (siehe Gärung) muß nun diesen Zucker in Alkohol umwandeln. Dazu ist es notwendig, daß die Zellen zum Teil aufgerissen werden, damit der Frucht- und Traubenzucker freigelegt wird. Ein weiterer Abbau mit Aufschließung der Zellen erfolgt dann während der Gärung durch die Hefe selbst, daher ist eine vollkommene Vermusung nicht notwendig.

Für die Vergärung ist eine stark zerkleinerte Maische günstiger, man muß aber Rücksicht auf den vorhandenen Brennkessel nehmen. Bei Öl- oder Wasserbadkesseln spielt der Feinheitsgrad keine Rolle, bei einwandigen Brennkesseln brennt feine Maische leichter an als grobe. Der Feinheitsgrad der Maische richtet sich daher stark nach der Art des Brennkessels.

Bei Abfindungsbrennereien unterscheidet das Zollamt verschiedene Ausbeutesätze (siehe Seite 154).

Grundsätzlich soll jede Obstart in bestimmten Fällen auch sortenmäßig, z. B. Williams-Christ-Birne, getrennt eingemaischt werden. Hat man aber nur wenig Obst zur Verfügung, ist oft eine Mischung notwendig. In diesem Fall soll man nur Früchte mit der gleichen Alkoholausbeute vermischen. Das Zollamt verrechnet den Abfindungsbrennereien die Abgaben nach jener Frucht, die den höchsten Ausbeutesatz hat.

Beispiel

Eine Mischung aus Äpfeln und Zwetschken wird nach dem Ausbeutesatz der Zwetschken (5,5 l Alkohol/100 l Maische) verrechnet, obwohl Äpfel nur einen Ausbeutesatz von 3% haben. Man muß also für die Äpfel fast das Doppelte bezahlen.

7.1 Maischemühlen

Für größere Obstmengen rentiert sich die Anschaffung einer geeigneten Maischemühle. Welcher man den Vorzug gibt, hängt von der Obstmenge und auch vom Preis ab. Es werden folgende Typen unterschieden beziehungsweise angeboten:

1. Schabermühlen

Auf einer Holzwalze befinden sich glatte oder gezahnte Metalleisten. Das Obst wird mit einem Holzstößel zur rotierenden Walze gepreßt und abgeschabt. Oft gehen auch etwas größere Stücke durch die Mühle, und man muß bei der Vergärung darauf achten, daß diese Stücke auch voll vergoren werden. Für kleinere Obstmengen eignen sich die Schabermühlen aber trotzdem sehr gut.

Schabermühle, rechts – geöffnet mit Holzstößel und Schaberwalze

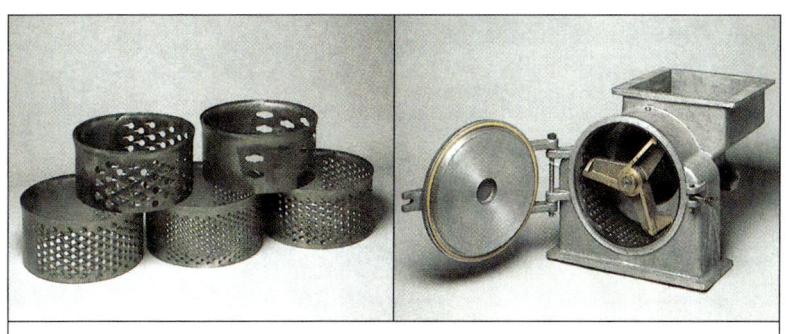

Geöffnete Fräsmühle, links – verschiedene Siebeinsätze je nach Obstart

53

2. Fräsmühlen (Rätzmühle, Schleuderfräse)
Sie sind für größere Obstmengen sehr gut geeignet, da sie eine große Leistung haben. Für die verschiedenen Obstarten gibt es die entsprechenden Siebeinsätze. Es entsteht eine feine gleichmäßige Maische, aber es kommt zu keiner Vermusung.
In der Anschaffung sind diese Mühlen leider etwas teuer.

3. Steinwalzen- oder Sternwalzenmühlen

Sie werden heute kaum mehr gebaut.
Das Obst wird mit Greifhaken vorzerkleinert und dann gequetscht. Die Walzen sind verstellbar, es kann daher verschiedenartiges Obst eingemaischt werden. Die Zerkleinerung des Obstes ist zufriedenstellend, so daß man diese Mühlen ruhig weiterhin verwenden kann.

4. Futtermuser
Im Futtermuser wird das Obst fein vermust. Er kann daher nur für Kern- und Beerenobst verwendet werden. Beim Steinobst würden alle Steine zerschlagen, und bei der Gärung würde das zuviel giftige Blausäure geben. Auch die Kerne von Äpfeln und Birnen dürfen nicht

Allesmuser, geöffnet mit auswechselbaren Schnittscheiben

zerkleinert werden, da sie einen unangenehmen Geschmack im Destillat ergeben.

7.2 Obstauswahl und Verarbeitung

Die Früchte sollen sauber sein. Verschmutztes Obst muß gewaschen werden. Schmutz kann die Gärung beeinträchtigen und damit die Destillatqualität vermindern. Wurzeln muß man natürlich auch gut vom Erdreich reinigen. Schimmeliges und faules Obst soll man entfernen.

Schimmeliges und bitterfaules Obst – gehört nicht in die Maische

Für eine flotte Gärung ist die Maischetemperatur ausschlaggebend. Am einfachsten ist es, wenn man das Obst an der Sonne oder in einem warmen Raum entsprechend vorwärmt. Durch das Erwärmen erfolgt gleichzeitig auch eine Nachreifung der Früchte. Die Maischetemperatur soll zirka 18° C betragen. Es ist falsch, wenn man in der Früh Obst sammelt und dann gleich einmaischt. Die Maische ist dann zu kalt, und der Gärbeginn verzögert sich, oder die Gärung kann überhaupt steckenbleiben (es bildet sich kein Alkohol).
Obsttemperatur: 18 bis 20° C.

7.2.1 Äpfel und Birnen

Äpfel und Birnen in einer geeigneten Maischemühle zerkleinern. Grobes Zerstampfen schließt die Zellen zu wenig auf, es würde nur eine teilweise Vergärung des Zuckers erfolgen. Die Ausbeute könnte sich dadurch stark verringern.

> **Merke: Für einwandige Kessel soll die Maische etwas gröber sein.
> Für Öl- und Wasserbadkessel kann die Zerkleinerung auch mit einem
> sogenannten Futtermuser erfolgen (Obstkerne sollen ganz bleiben).**

Wenn von einer Sorte genügend Früchte vorhanden sind, sollen sie immer gesondert eingemaischt werden. Reine Sortenbrände enthalten dann das spezielle Aroma dieser Sorte und sind am Markt sehr gefragt.

Genügend Früchte bedeutet, daß die Menge für 3 Rauhbrände reicht, damit man ausreichend Lutter für einen Freinbrand hat. Bei zuckerreichen Früchten, welche Maischen mit einem höheren Alkoholgehalt ergeben, kann man mit 2 Rauhbränden auskommen. Bei zuckerarmen Früchten wie Holunder, Vogelbeeren u. a. sollte man besser 4 Rauhbrände für einen Feinbrand zusammenbringen.

7.2.2 Steinobst

Die festfleischigen Früchte sollen gequetscht oder händisch (durch Stampfen) so bearbeitet werden, daß die Fruchthaut aufreißt, die Steine aber ganz bleiben. Festfleischige Früchte ohne mechanische Behandlung neigen zur Schimmelbildung, und es braucht oft sehr lange, bis die Früchte aufplatzen; manchmal platzt ein Teil der Früchte überhaupt nicht auf. Dadurch wird die Ausbeute geringer, da nicht der ganze Zucker vergoren wurde.

Früher wurden zur Aromaverbesserung 4–5% der Steine zertrümmert. Davon ist man abgekommen, um die Blausäure im fertigen Destillat möglichst niedrig zu halten. Bei enzymbehandelter Maische lösen sich die Steine rascher vom Fruchtfleisch und sinken zu Boden. Um den typischen Charakter eines Zwetschkenbrandes zu erhalten, soll ein Teil der Kerne mitgebrannt werden.

Manche Abfindungsbrenner vergären Zwetschken, Pflaumen und Mirabellen ohne Steine. Den Bränden fehlt aber der typische Geschmack, da ja nur ein Teil der Frucht verarbeitet wird.

Pfirsiche sollten entsteint werden. Nicht steinlösende Pfirsiche muß man quetschen und enzymbehandeln. Nach dem Ablösen der Steine vom Fruchtfleisch sollte man die Maische über ein Gitter umfüllen. Pfirsichsteine bringen einen bitteren Geschmack in das Destillat.

Mirabellen haben einen hohen Kernanteil. Hier dürfen auch keine Steine verletzt werden, und man darf nur einen Teil oder gar keine Steine mitbrennen.

Kirschen ohne Stiele einmaischen, sonst hat das Destillat einen herben, fremdartigen Geschmack.

Beim Mischen von Steinobst ist auf die verschieden hohen Ausbeutesätze zu achten. Die Alkoholsteuer wird immer nach der Frucht mit dem höchsten Ausbeutesatz berechnet.

7.2.3 Holunderbeeren

Man sollte nur vollreife Beeren verwenden. Die Kämme (Stiele) müssen unbedingt entfernt werden, da sonst unangenehme Stoffe in das Destillat übergehen. Das Abrebeln kann so durchgeführt werden, daß man die Früchte über ein feines Gitter streift. Die Maschengröße muß zumindest zweimal so groß sein wie der größte Beerendurchmesser (siehe Foto Ebereschen). Näheres siehe unter „Spezialbrände" (Seite 134).

Abrebeln von Ebereschen über ein Drahtgitter

7.2.4 Ebereschen (Vogelbeeren)

Auch hier müssen die gut gereiften Beeren ohne Stiel eingemaischt werden. Man spannt ein Drahtgeflecht (Hasengitter) mit einem Lochdurchmesser von ca. 2 cm auf einen Rahmen, legt das Ganze dann auf einen Bottich und streift die Beeren durch das Gitter ab. Die Beeren selbst soll man dann durch eine Maischemühle treiben. Näheres siehe unter „Spezialbrände" (Seite 137).

Zum Abtrennen der Beeren von den Kämmen eignen sich auch Rebelmaschinen, wie man sie im Weinbau verwendet; sie sind sehr leistungsfähig.

7.2.5 Weintrauben

Sie müssen auch gerebelt und gequetscht werden.

7.2.6 Wacholder

Reiner Wacholder wird selten gebrannt und hat wenig Bedeutung. Verarbeitet werden nur die getrockneten Beeren. Die gequetschten Beeren werden mit der doppelten Menge Wasser versetzt. Die Vergärung ist etwas schwierig. Die Zugabe von Hefenährsalz ist notwendig.
Einen geschmacklich angenehmen Brand erhält man, wenn man die gequetschten Beeren einer Apfel- oder Birnenmaische zusetzt. Hier erfolgt eine problemlose Vergärung. Näheres siehe unter „Spezialbrände" (Seite 131).

7.2.7 Wurzeln

In Abfindungsbrennereien werden Wurzeln im allgemeinen nicht rein eingemaischt und abgebrannt. Die gereinigten und gut zerkleinerten Wurzeln werden einer Äpfel- oder Birnenmaische zugesetzt. Näheres siehe unter „Spezialbrände" (Seite 132).

7.2.8 Wein- und Obsttrester

Diese können zur Vergärung trocken eingestampft werden. Falls genügend Obst zur Verfügung steht, rentiert sich das Einmaischen von Obsttrestern kaum. Am ehesten rentieren sich Weintrester, falls sie nicht für die Haustrunk-Bereitung bereits ausgelaugt wurden.

7.3 Wasserzusatz

Vielfach herrscht die Meinung, daß zu jeder Maische warmes Wasser dazugegeben werden muß. Oft werden der Maische bis zu 50% Wasser beigesetzt. Nach dem Grund gefragt, erhält man die Antwort, man müsse die Maische mit warmem Wasser anwärmen, damit die Maische für die Vergärung dünn genug sei. Wie beim Einmaischen bereits betont wurde, soll **das Obst** angewärmt werden (18 bis 20° C). Für die Vergärung selbst ist ein Wasserzusatz grundsätzlich nicht notwendig. Nur bei sehr trockener Maische (z. B. Ebereschenmaische), wo sich Hohlräume bilden können, soll ein Wasserzusatz erfolgen, aber auch hier nur soviel, daß die Hohlräume ausgefüllt werden. Ohne Wasserzusatz könnte sich in diesem Fall Schimmel bilden bzw. eine Überhitzung der Maische erfolgen. Jeder vermehrte Wasserzusatz wirkt volumsvermehrend und muß dann versteuert werden.

7.4 Enzymbehandlung von Obstmaischen

Das Obst besteht aus unzähligen Zellen, welche durch eine Kittsubstanz, das Pektin, zusammengehalten werden. Besonders Kernobst enthält sehr viel Pektin, so daß diese Maischen oft sehr dickflüssig sind. Bei der Gärung wird wohl langsam das Pektin abgebaut, so daß die Maische dünnflüssiger wird. Da sich der für die Gärung notwendige Zucker in den Zellen befindet, wäre ein rascher Pektin-Abbau äußerst günstig, denn die Maische wird früher dünnflüssig, da das Zellgewebe zerfällt, und die Gärung geht dadurch rascher vor sich.
Im Handel gibt es nun Pektin-Enzym-Präparate (pektolytische Enzyme), welche das Pektin in den Früchten in kurzer Zeit (temperaturabhängig) abbauen.

Was sind nun Enzyme (auch Fermente genannt)?
Es sind Wirkstoffe, welche chemische Vorgänge bewirken, ohne dabei verbraucht zu werden. Der gesamte Stoffwechsel in Mensch, Tier und Pflanze beruht hauptsächlich auf der Wirkung von Enzymen. Ein Enzym bewirkt meistens nur eine ganz bestimmte Reaktion. Für komplizierte Stoffwechselprozesse sind mehrere Enzyme notwendig. Für die alkoholische Gärung werden z. B. 12 verschiedene Enzyme benötigt.
Unter den vielen Enzymen gibt es eben auch solche, welche das Pektin abbauen, so daß die Zellverbände zerfallen können. Die Hefe erzeugt wohl auch diese Enzyme, aber sehr wenig, so daß der Pektinabbau sehr langsam vor sich geht. Durch Zugabe von solchen pektinabbauenden Enzymen erfolgt der Pektinabbau je nach Temperatur in wenigen Stunden bzw. Tagen. Obwohl das Wirkungsoptimum bei 40–50° C liegt, ist ihre Wirkung bei richtiger Gärtemperatur (18–20° C) noch zufriedenstellend. Bei tieferen Temperaturen nimmt die Wir-

kung rasch ab und ist unter 10° C kaum noch gegeben. Im Handel gibt es zahlreiche Präparate wie Pektinex Ultra SP-L, Siha-Brennereienzym SK Plus usw. Auf jeder Enzymflasche/-packung stehen genaue Anwendungshinweise und Dosierungsangaben für die verschiedenen Obstarten. Flüssige Enzympräparate sind für kleine Mengen leichter zu dosieren.

Eine gute Verteilung des Enzyms in der Maische ergibt sich, wenn die mit Wasser, Maische oder Saft verdünnte Enzymmenge portionsweise mit dem Obst in die Maischemühle gegeben wird. Wenn dies nicht möglich ist, wird das Enzym nach dem Mahlvorgang in die Maische eingerührt. Nach mehreren Stunden ist ein nochmaliges Umrühren zu empfehlen.

Enzymzusatz

Man gibt das verdünnte Enzympräparat und die angequollene Hefe abwechselnd beim Einmaischen über die Maischemühle dazu.

Falls dem Obst Säure zugesetzt wird (Ansäuerung siehe Seite 61), gibt es zwei Möglichkeiten:

1. Man gibt beim Einmaischen über die Maischemühle abwechselnd Hefe und Enzym dazu und rührt bis zum nächsten Tag zwei- bis dreimal gut durch, damit eine optimale Verteilung von Hefe und Enzym erfolgt.
   Am nächsten Tag rührt man in kleinen Portionen die Säure dazu. Es sollen keine kurzfristigen Übersäuerungen und Säurenester entstehen.
   Den pH-Wert mit Merck pH-Stäbchen Nummer 9541 (Meßbereich von pH 2,5 bis 4,5) überprüfen.

2. Man dosiert gleich die ganze Hefe und anschließend das ganze Enzym über die Maischemühle dazu, so daß die beiden Stoffe sich in ca. ein Fünftel der Maische befinden. Anschließend wird die Säure in kleinen Portionen über die Maischemühle zudosiert und dann mehrmals durchrühren und den pH-Wert kontrollieren (pH 3,2 bis 3,5).
   Die Gebrauchsanleitungen der verschiedenen Enzympräparate sind genau zu lesen und zu beachten.

Enzymbehandelte Maischen sind so dünnflüssig, daß sie sich ohne Wasserzusatz leicht brennen lassen.

Die Kosten betragen je nach Obstart und Packungsgrößen (Kleinpackungen sind wesentlich teurer) zwischen S 5,– und S 20,– pro hl Maische (Stand 1995). Die Aufwandmenge beträgt je nach Obstart bei konzentrierten Präparaten 3–8

ml pro hl Maische und bei weniger konzentrierten Präparaten 5–30 ml pro hl
Maische.
Vorteile einer Pektin-Enzym-Behandlung, welche sich besonders bei Kernobst-
maischen auswirken:
* rasche Verflüssigung der Maische
* bessere Pumpfähigkeit
* schnellere und auch vollkommenere Vergärung
* verminderte Deckenbildung
* bessere Wärmeübertragung beim Brennen durch die Dünnflüssigkeit
* leichteres Einrühren von verschiedenen Maischebehandlungsstoffen
Beim Steinobst lösen sich die Steine rascher vom Fruchtfleisch und sinken zu
Boden, wobei die Anwendung besonders bei festfleischigen Früchten zu empfehlen ist.
Durch den Einsatz von Pektin-Enzymen ist keine oder nur eine geringfügige Erhöhung der Alkoholausbeute zu erreichen. Eine scheinbar höhere Ausbeute ist
vielfach durch die gute Aufschließung der Maische und damit bessere Vergärung bedingt. Es konnten auch keine geschmacklichen Nachteile beim fertigen Destillat festgestellt werden.

Haltbarkeit
Im Kühlschrank behalten die Präparate ein Jahr ihre volle Wirksamkeit. Bei
Zimmertemperatur nimmt die Wirksamkeit 1–2% pro Monat ab.
Wenn möglich soll man nur soviel Enzym kaufen, wie in einer Saison ver-
braucht wird. Mit Wasser verdünntes Enzym ist nur einige Stunden stabil, da-
her nur soviel Enzym verdünnen, wie in 1–2 Stunden verbraucht wird.
Enzyme können in seltenen Fällen Allergien hervorrufen, daher vorsichtshalber
Gummihandschuhe tragen oder Handberührung vermeiden.

7.5 Ansäuerung

7.5.1 Der pH-Wert

Der pH-Wert ist das Maß für den sauren oder basischen Charakter einer wässe-
rigen Lösung. Eine neutrale Lösung hat den pH-Wert 7. Von pH 7 bis 14 wird
es immer basischer, und von pH 7 bis 0 immer saurer.

pH-Graphik

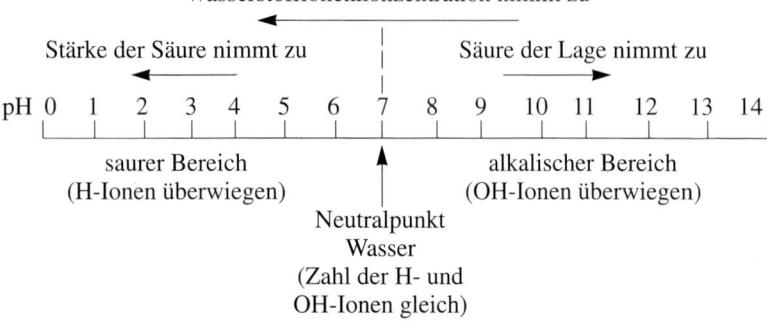

Wasserstoffionenkonzentration nimmt zu

Stärke der Säure nimmt zu   Säure der Lage nimmt zu

pH 0 1 2 3 4 5 6 7 8 9 10 11 12 13 14

saurer Bereich   alkalischer Bereich
(H-Ionen überwiegen)   (OH-Ionen überwiegen)

Neutralpunkt
Wasser
(Zahl der H- und
OH-Ionen gleich)

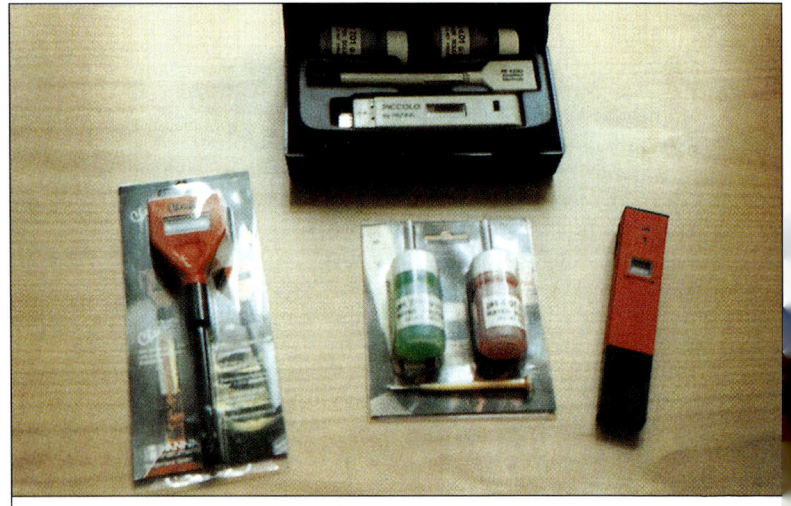

Elektronische Mini-pH-Meter zur raschen pH-Messung, auch für farbige Flüssigkeiten.

Die Bezeichnung pH (pondus hydrogenii) bedeutet das Gewicht der Wasserstoffionen in wässeriger Lösung.

Die pH-Bestimmung

1. Es gibt Farbstoffe (Indikatoren), die je nach dem pH-Wert einer Lösung die Farbe ändern. Die billigste und einfachste Art, den pH-Wert zu bestimmen, ist die Verwendung von Indikatorpapier oder Indikatorstäbchen. Der Meßbereich soll für Obstmaischen zwischen pH 2,5 und pH 4,5 liegen. Empfehlenswert für Obstmaischen sind die Merck Indikator-Teststäbchen Nr. 9541, natürlich eignen sich auch andere Fabrikate.

Indikatorpapier und Indikatorstäbchen können nur einmal verwendet werden und sind trocken aufzubewahren. Die Ablesung soll auf 0,2 pH-Einheiten genau möglich sein. Farbstoffreiche Flüssigkeiten können nicht gemessen werden, da der Farbumschlag nicht erkennbar ist.

2. Die pH-Messung kann mit einem elektrischen pH-Meter erfolgen. Damit ist eine rasche Messung möglich, die auch für farbintensive Maischen wie Holunder, Kirschen usw. gut geeignet ist.

Elektronische pH-Meter müssen immer wieder nachgeeicht werden, damit die abgelesenen Werte stimmen. Nur pH-Meter kaufen, wo die fallweise Nacheichung selbst durchgeführt werden kann!

pH-Werte bekannter Flüssigkeiten		
	pH	Reaktion
Salzsäure (3,5%ig)	0	sehr stark sauer
Schwefelsäure (0,5%ig)	1,2	stark sauer
Weinsäure (0,75%ig)	2,2	mittelstark sauer
Essig	3,1	schwach sauer
Wein, Obstmaischen	3,0–3,8	schwach sauer
Apfelmaische, vergor. (Tafelobst)	3,5–4,2	schwach sauer
Apfelmaische, vergor. (Mostobst)	3,0–3,5	schwach sauer
Birnenmaische, vergor. (Tafelobst)	3,7–4,0	schwach sauer
Birnenmaische, vergor. (Mostobst)	3,4–3,8	schwach sauer
Bier	4,0–5,0	sehr schwach sauer
Reines Wasser	7,0	neutral
Seewasser	8,3	schwach alkalisch
Sodalösung (0,5%ig)	11,3	mittelstark alkalisch
Kalkwasser, gesättigt	12,3	stark alkalisch
Natronlauge (4%ig)	14,0	sehr stark alkalisch

7.5.2 Säurebehandlung (Vergärung unter Säureschutz)

In säurearmen Maischen können sich schädliche Mikroorganismen rascher vermehren. Durch Säurezusatz können sie gehemmt werden und es erfolgt eine reintönigere Gärung. Säurezusatz ist daher besonders für säurearme Früchte wie Golden Delicious, Himbeere, Holunder, Marille, Pfirsich u. a. sehr zu empfehlen. Die Einstellung auf pH 2,8–3 wäre ein idealer Säureschutz. Das Problem ist aber, das bei einem Enzymzusatz die Enzymwirkung bei einem pH-Wert unter 3 stark gebremst ist. Wenn das Obst sauber und gesund ist und die Maische sofort nach Gärungsende gebrannt wird, genügt ein pH-Wert von 3,2 bis 3,5 in der Maische. Bei diesem pH-Wert ist noch eine ausreichende Enzymwirkung gegeben. Sollte eine längere Maischlagerung notwendig sein, so kann bei Gärungsende noch Säure zugegeben werden, damit ein pH-Wert um 2,8 erreicht wird.

Welche Säure wird verwendet?
Im Handel sind verschiedene Säurekombinationen erhältlich. Hauptsächlich enthalten sie Milchsäure, Phosphorsäure, Apfelsäure usw. Sie laufen unter der Bezeichnung Combisäure CS, MS-Säure usw.
Die Aufwandmenge ist jeweils auf der Packung angegeben und beträgt im allgemeinen 1–2 Liter bzw. 150–300 g/hl. Der höhere Wert ist bei säurearmen Früchten wie Williams-Christ-Birnen, Holunder, Himbeeren, Marillen usw. anzuwenden. Durch eine pH-Messung kann man leicht die richtige Menge finden. Die Phosphorsäure hat noch den Vorteil, daß sie auch als Hefenahrung dient. In Deutschland ist die Zugabe von Phosphorsäure aber verboten. Die Kosten belaufen sich auf ca. S 30,– bis 60,–/hl Maische (Stand 1995).
Die Ansäuerung ist auch mit reiner Schwefelsäure (Qualität „reinst") möglich. Nach Untersuchungen der Versuchsbrennerei Hohenheim benötigt man bei Süßkirschen- und Zwetschkenmaischen 110 ml (= 200 g) konzentrierte Schwefelsäure / pro 100 kg Obst. Bei den übrigen säurearmen Obstarten genügen 50–55 ml/hl Maische. Die konzentrierte Schwefelsäure ist sehr aggressiv und stark ätzend. Bei der Anwendung ist daher größte Vorsicht geboten (Schutzbrille und Handschuhe). Vor Verwendung wird die Säure verdünnt, indem man sie langsam in die 10–20fache Wassermenge gießt. Es tritt dabei eine starke Erwärmung auf.
Bei Zugabe von Hefe, Enzym und Säure zur Maische muß dies in bestimmter Reihenfolge geschehen, wie auf Seite 60 unter Enzymzusatz beschrieben.

7.6 Hefenährsalze

Für eine gute Vermehrung braucht die Hefe Stickstoff- und Phosphorverbindungen sowie Vitamine (besonders Vitamin B_1). Ein Mangel an diesen Stoffen tritt besonders bei Heidelbeeren, Holunder, Ebereschen, Schlehen und Hagebutten auf. Auch bei Kernobst kann fallweise ein Mangel bei besonders gerbstoffreichen Früchten auftreten (z. B. bei Mostbirnen). Beim Fehlen dieser Hefenährstoffe kommt es zu Gärverzögerungen, und im extremen Fall zu Gärstockungen.

Die Aufwandmenge beträgt bei diesen Früchten 30–40 g pro hl Maische. Im Brennereiartikelhandel werden diese Stoffe als Gärsalz, Hefenährstoff usw. angeboten und sind laut Gebrauchsanweisung anzuwenden. Sie werden am besten gleich mit der Hefe mitbestellt.

Sollten bei anderen Obstarten Gärprobleme trotz des Hefezusatzes und der richtigen Gärtemperatur auftreten, könnte ein Zusatz von Hefenahrung in etwa der halben Menge, wie vorher angegeben, das Problem lösen.

Verschiedene Gärspunde

Als Hefenahrung sind auch Ammoniumsulfat und Ammoniumdihydrogen-phosphat geeignet, nur ist die Besorgung etwas schwierig.

Der Zusatz von Hefenährsalzen ist in Österreich erlaubt, in anderen Staaten teilweise verboten. Es sind jeweils die gesetzlichen Bestimmungen zu beachten.

7.7 Sonstige Zusätze

Es darf darauf hingewiesen werden, daß jeglicher Zusatz von Zucker, Obstsaft, Wein u. ä. nach dem Brennereimonopol für den Haus- und Abfindungsbrenner streng verboten ist.

7.8 Füllung des Gärbehälters

Die Maische oder das weiche Obst (z. B. Kirschen, Zwetschken), das nicht zerquetscht werden muß, wird in das gereinigte Faß gegeben. Ein Zusatz von Reinzuchthefe (siehe Seite 49) ist auf alle Fälle zu empfehlen. Zirka ein Zehntel des Faßinhaltes bleibt als Gärraum frei. Bei Kernobstmaische kann man etwas weniger freilassen, da diese am meisten zusammensitzt. Damit keine Luft, kein Schmutz und keine unerwünschten Kleinlebewesen (Mikroorganismen) in die Maische gelangen, muß das Faß verschlossen werden. Die Hefe braucht zur Entwicklung keine Luft. Einige Kleinlebewesen (Essigbakterien, Kahmhefen), die auf die Maische schädlich wirken, brauchen unbedingt Luft. Wenn man die Luft fernhält, wird die Entwicklung dieser Kleinlebewesen stark gehemmt. Das Verschließen selbst muß so erfolgen, daß das gebildete Kohlendioxid (Gärgas) entweichen kann. Ein gasdichter Verschluß darf nicht erfolgen: Überdruck im Faß – Unfallgefahr!

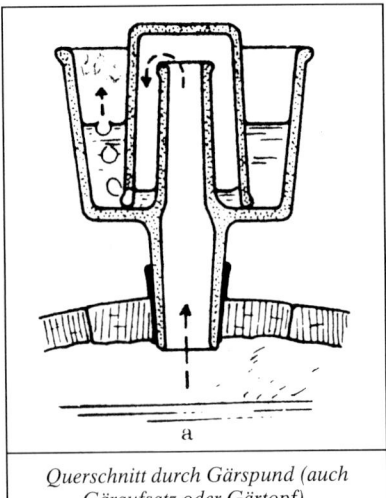

Querschnitt durch Gärspund (auch Gäraufsatz oder Gärtopf)

*Aufgesetzter Gärspund
im kleineren
Schraubverschluß*

Die Gärbehälter sollen in einem Zug gefüllt werden. Mehrmaliges Nachfüllen über 2 bis 3 Tage soll die Ausnahme sein. Es ist besser, wieder ein frisches Faß zu beginnen und nach der Hauptgärung die Maische zusammenzuschütten.

Für eine reine Vergärung, die besonders bei der Weinbereitung Bedingung ist, muß ein Gärspund aufgesetzt werden. Der Gärspund wird so angebracht, daß das Gärgas nur durch den Gärspund entweichen kann. Es müssen hier also alle undichten Stellen mit einer eigenen Dichtungsmasse (erhältlich bei Kellerartikel-Firmen) oder – im Notfall – auch mit Kitt oder Wachs abgedichtet werden. Ein Vorteil des Gärspunds ist, daß man den Gärverlauf gut beobachten kann. Das Gärgas muß durch das Wasser im Gärspund entweichen, und dies ist optisch gut sichtbar. Je mehr Gas entweicht, desto stärker ist die Gärung, man sieht auch sofort Gärunterbrechungen. Bedingung ist aber, daß das Gärgas sonst nirgends entweichen kann.

Das Verschließen der Fässer kann folgendermaßen durchgeführt werden:

a) Fässer mit Türchen

Man setzt das Türchen so ein, daß nur ein ganz kleiner Spalt (1 mm genügt) offenbleibt oder, was natürlich besser ist, man verschließt dicht und setzt einen Gärspund auf.

b) Kunststoffässer

Es gibt verschiedene Fabrikate; die meisten haben neben einem abnehmbaren Deckel noch einen kleinen Schraubverschluß aufgesetzt. In diesem Fall wird der große Deckel fest und der Schraubverschluß locker aufgesetzt, oder man bringt wieder einen Gärspund an.

c) Offene Fässer und Bottiche

Im Kunststoffzeitalter sind auch solche Behälter einfach zu verschließen. Man gibt einfach eine Kunststoffolie darüber und bindet wie bei einem Marmeladeglas eine Schnur oder ein Gummiband um das Faß.

Der einzige Nachteil ist, daß kein Gärspund aufgesetzt werden kann und daher auch keine Kontrolle über den Gärverlauf möglich ist.

Eine Vergärung in offenen Behältern soll nicht erfolgen, denn dies führt sicher zu Maischefehlern.

Die Fässer bleiben nun, falls keine Gärstörungen eintreten, bis zum Gärende verschlossen.

Um eine flotte Gärung zu gewährleisten, muß die Raumtemperatur mindestens 15° C, besser 18 bis 20° C betragen. Kleinere Fässer brauchen eine höhere Raumtemperatur, da sie rascher auskühlen.

Vielfach wird die Maische noch täglich aufgerührt. Der Schaden ist hier sicher größer als der Nutzen. Während des Umrührens kommen Luft und Mikroorganismen in die Maische, und Alkohol- und Aromastoffe können entweichen. Bei nicht zerquetschter Maische (z. B. bei Kirschen und Zwetschken) kann am Anfang ein- bis zweimal untergerührt werden, damit das Aufreißen der Fruchtschalen beschleunigt wird.

Es ist kaum zu vermeiden, daß die Maische oberflächlich braun wird. Durch das tägliche Unterrühren werden diese Stoffe wieder mit der ganzen Maische vermischt. Frische Maische kommt obenauf und kann wieder etwas verderben. Wenn man das während der ganzen Gärung so macht, ist es verständlich, daß die Maischequalität nicht besser wird. Die Hefe ist nach dem Einmaischen bereits im ganzen Faß verteilt, so daß ein Unterrühren keine bessere Verteilung bringt. Um die Gärung besser in Schwung zu bringen, könnte man in der ersten Woche die Maische 2 bis 3mal gut durchrühren. Die Hefe braucht grundsätzlich keinen Luftsauerstoff. Man hat aber festgestellt, daß die Vermehrung durch Luftsauerstoff rascher vor sich geht.

Kunststoffässer mit Schraubdeckel, das linke Faß hat noch einen kleinen Schraubverschluß im Deckel (praktisch für den Gärspund)

Guter Faßverschluß mit Kunststoffolie – es kann aber kein Gärspund angebracht werden

Sollte die Maische bei der Gärung stark schäumen, so kann ein Antischaum-Mittel (wie zum Brennen) zugegeben werden (Menge laut Gebrauchsanweisung).

7.9 Gärdauer

Sie beträgt im günstigsten Fall zwei Wochen, kann aber auch sechs Wochen und mehr betragen.
Bei Enzymbehandlung kann die Maische in 14 Tagen vergoren sein.
Dies hängt von der Gärtemperatur und vom Feinheitsgrad der Maische sowie von der Obstart ab. Es gibt leider keine einfache und sichere Methode, um das Gärende zu bestimmen. Praktiker sagen, wenn der Maischehut wieder absinkt oder wenn knapp oberhalb der Maische ein Zündholz brennt, dann hat die Maische ausgegoren. Das stimmt leider nicht, denn dies zeigt nur, daß die Maische **nicht mehr gärt.** Sie kann nun ausgegoren oder auch in der Gärung steckengeblieben sein.

Maischesaft abrinnen lassen

7.9.1 Vergärungsgrad

Vor dem Brennbeginn soll festgestellt werden, ob der Zucker der Früchte ganz vergoren ist. Ein Restzucker bedeutet eine geringere Alkoholausbeute.

Vorgang
Man nimmt ein engmaschiges Tuch, gibt etwas Maische hinein und läßt den Flüssigteil abrinnen. Nun wird die Maische ausgedrückt und dieser Saft zur Extraktbestimmung genommen. (Extraktbestimmung, siehe Kapitel 3) Der in den Maischeteilchen eingeschlossene Zucker vergärt nämlich am spätesten. Wie bereits beschrieben, werden bei der

Zuckerbestimmung mittels Saccharometer alle im Saft gelösten Stoffe erfaßt. Es gibt nun Erfahrungswerte der unvergärbaren Stoffe (siehe Tabelle Seite 73). Wenn das Saccharometer mehr anzeigt, als in der Tabelle angegeben, besteht der Verdacht auf Restzucker. In diesem Fall gibt man den Saft in eine Flasche, gibt ein kleines Stück Backhefe dazu, verschließt die Flasche mit einem Wattebausch und stellt sie bei 20 bis 22° C auf. Nach 3 bis 4 Tagen wird nochmals gemessen. Ist der Wert gleichgeblieben, kann angenommen werden, daß die Maische ausgegoren ist. Wird ein niedriger Wert abgelesen, so war noch Restzucker vorhanden, das heißt, die Maische ist noch nicht voll vergoren. Man muß mit dem Brennen warten. Bei enzymbehandelter Maische wird der über ein Tuch oder einen Filter abrinnende Saft genommen. Die Maischeteilchen sind soweit zerfallen, daß sie eine musige Konsistenz haben und nicht mehr ausgepreßt werden können, was in diesem Fall nicht mehr notwendig ist.

Vor dem Messen mit dem Saccharometer wird der Saft noch geschüttelt, damit eventuell vorhandene Kohlensäure entweichen kann und die Messung durch den Auftrieb der Kohlensäure nicht verfälscht wird.

Beispiel zum Gärtest (Apfel)

Extraktgehalt vor dem Gärtest .... 3,7% mas
Extraktgehalt nach dem Gärtest .... 2,5% mas
Vergärbarer Zuckerrest .... 1,2% mas

In diesem Fall ist die Gärung noch nicht beendet.

Hat man mehrere Fässer von der gleichen Maische, so genügt es, den Gärtest bei einem Faß durchzuführen. Der Extraktgehalt nach dem Gärtest (im Beispiel 2,5% mas) gilt dann für alle Fässer mit der gleichen Maische im gleichen Raum.

Beispiel
Der Saft einer Apfelmaische hat 4% mas Extrakt, d. h. sie ist noch nicht ausgegoren (in der Tabelle Seite 73 ist beim Apfel 1–3% mas Extrakt angegeben).

Eine weitere Möglichkeit ist die Zuckerbestimmung mit der „Clini-Test-Methode" (Farbtest). Man braucht dazu ein komplettes Prüfset mit Meßröhrchen, Farbskala und Tabletten.

Weiters können auch „Clinistix" verwendet werden. Dies sind Teststreifen für Harnzucker. Sie zeigen an, ob Glucose vorhanden ist. Im Obst ist der Zucker als Glucose und Fructose (Frucht- und Traubenzucker) vorhanden. Beide Zucker-

Saccharometeranzeige liegt fast bei 0 = volle Vergärung des Traubenzuckers

Auspressen der nicht enzymbehandelten Maische für die Extraktbestimmung bzw. Feststellung des Vergärungsgrades

arten vergären ziemlich gleich rasch. Wenn also keine Glucose mehr vorhanden ist, kann angenommen werden, daß auch die Fructose vergoren ist.

Bei Ebereschen (Vogelbeeren) liegt der Vergärungsgrad bei ca. 7% mas Extrakt (Saccharometer) bzw. 28° Öchsle. Dieser Wert schwankt sehr und hängt von der Wasserzugabe zur Maische, vom Reifegrad der Früchte und davon ab, ob es sich um eine Wildfrucht oder eine veredelte Eberesche handelt. Es soll auf jeden Fall eine Gärprobe durchgeführt werden (s. Seite 71).

Vergärungsgrade (scheinbarer Extrakt vergorener Obstmaischen und Obstmoste)			
Material	Saccharo-meter (nach PLATO) (%mas)	Mostge-wichtswaage (N. T. = 20° C) (Mostgewicht)	Literatur
Äpfel	1–3	4–12	WINDISCH/RÜDIGER/ SCHWARZ/MALSCH (1965)
Tafeläpfel (11 Sorten)	0,2–1,9	~1–7,5	RÖHRIG/PIEPER (1979)
Sortenreine Tafeläpfel			
James Grieve	0,6–1,4	~2,5–5,5	RÖHRIG/PIEPER (1982/83)[1]
Gravensteiner	0,2–1,8	~1–7	RÖHRIG/PIEPER (1982/83)[1]
Goldparmäne	0,2–1,3	~1–5	RÖHRIG/PIEPER (1982/83)[1]
Cox	0,1–1,5	~0,5–6	RÖHRIG/PIEPER (1982/83)[1] PIEPER/BUCHMÜLLER (1978)[1]
Jonathan	0,5–1,9	~2–7,5	RÖHRIG/PIEPER (1982/83)[1]
Boskoop	0,4–1,9	~1,5–7,5	RÖHRIG/PIEPER (1982/1983)[1]
Golden Delicious	0,1–1,8	~0,5–7	RÖHRIG/PIEPER (1982/83)1 PIEPER/BUCHMÜLLER (1978)[1]
Red Delicious	0,3–0,8	~1–3	RÖHRIG/PIEPER (1982/83)[1]
McIntosh	0,5–0,6	~2–2,5	RÖHRIG/PIEPER (1982/83)[1]
Jonagold	0,3–1,1	~1–4,5	RÖHRIG/PIEPER (1982/83)[1]
Birnen	1,5–4	6–16	WINDISCH/RÜDIGER/ SCHWARZ/MALSCH (1965)
Tafelbirnen (11 Sorten)	0,7–3,6	3–14,5	RÖHRIG/PIEPER (1982/83)
Williams-Christ-Birne	1,7–4	7–16	WINDISCH/RÜDIGER/ SCHWARZ/MALSCH (1965), RÖHRIG/PIEPER (1982/83), NOSKO (1974)
Mostbirnen (Jaköble)	2,2	8,8	RÖHRIG/PIEPER (1979)
Kirschen	3–5	12–20	WINDISCH/RÜDIGER/ SCHWARZ/MALSCH (1965)
Sauerkirschen (14 Sorten)	2–4	8–16	PIEPER/GRAF (1985)
Zwetschken	4–5	16–20	WINDISCH/RÜDIGER/ SCHWARZ/MALSCH (1965)
Pflaumen	2–3	8–12	WINDISCH/RÜDIGER/ SCHWARZ/MALSCH (1965)
Mirabellen	2–4	8–16	WINDISCH/RÜDIGER/ SCHWARZ/MALSCH (1965)
Himbeeren, Brombeeren, Heidelbeeren	1–2	4–8	WINDISCH/RÜDIGER/ SCHWARZ/MALSCH (1965)
Holunderbeeren	3–5	12–20	WINDISCH/RÜDIGER/ SCHWARZ/MALSCH (1965)
Topinambur	1	4	WINDISCH/RÜDIGER/ SCHWARZ/MALSCH (1965)
Most (Mostbirnen, 7 Sorten)	0,2–2,6	0–10,4	RÖHRIG/PIEPER (1979)

1 Unter Berücksichtigung von Ergebnissen aus laufenden Untersuchungen in den Jahren 1975–80 aus der Abt. Gärungstechnologie der Universität Hohenheim mit Bodensee-Obst immer gleichen Standorts

7.10 Gärstörungen

Es kommt öfters vor, daß die Gärung steckenbleibt, das heißt, die Hefe kann sich durch irgendwelche Einflüsse nicht mehr vermehren und den Zucker nicht mehr in Alkohol umwandeln. Die Hauptursache ist meistens eine zu niedrige Gärtemperatur. Wenn die Obsttemperatur beim Einmaischen 18 bis 20° C beträgt und die Gärfässer in einem genügend warmen Raum stehen, so kann die Maischetemperatur nie so tief absinken, daß sich die Hefe nicht mehr vermehren kann. Ist die Temperatur wirklich zu tief abgesunken, so muß man die Maische erwärmen, indem man einen Teil der Maische aus dem Faß nimmt und vorsichtig auf höchstens 45° C erwärmt (bei höheren Temperaturen stirbt die Hefe ab). Man kann beim zuständigen Zollamt ansuchen, ob die Anwärmung im Brennkessel erfolgen kann. Wenn Maische angewärmt werden muß, ist dies sicher die günstigste Art. Die angewärmte Maische wird mit der kalten gut verrührt. Man macht dies so lange, bis die Maischetemperatur mindestens 18° C erreicht hat.

Der Mangel an Stickstoffnahrung für die Hefe ist in der Abfindungs- und Hausbrennerei selten anzutreffen; er könnte aber bei folgenden Obstarten auftreten:

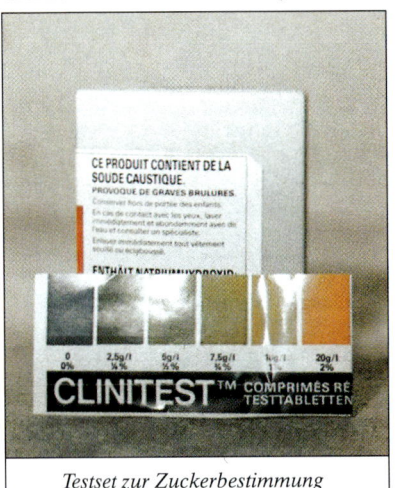

Testset zur Zuckerbestimmung vergorener Maischen

Heidelbeeren, Vogelbeeren, Hagebutten, Wacholder und Schlehen. Wer mit dieser Maische Schwierigkeiten hat, gibt gleich nach dem Einmaischen 40 g Hefenährsalz, in Wasser aufgelöst, pro Hektoliter dazu.

7.11 Mischen von Maischen

Vergorene Maischen können jederzeit gemischt werden. Man muß nur die Abgabeunterschiede für das Zollamt beachten (Kernobst zu Kernobst, Kirschen zu Kirschen usw.).

7.12 Maischebehandlung nach der Gärung

Um Qualitätsbrände zu erzielen, sollen Obstmaischen bei abklingender Gärung bzw. bei Gärungsende abgetrieben werden. Nur so sind eine optimale Aromaausbeute und gute Qualität möglich.

Weiß man schon beim Einmaischen, daß eine Maischelagerung länger als 3 bis 4 Wochen dauern wird, so soll unbedingt unter Säureschutz vergoren werden (siehe Seite 64).

Bei Gärungsende die Gärbehälter luftdicht verschließen und kühl stellen, aber nicht öffnen, damit der Kohlendioxidpolster nicht zerstört wird, denn er hält den Sauerstoff ab.

Lagerung von Maischen, die ohne Säureschutz vergoren wurden

a) Bei kurzfristiger Lagerung von 3 bis 4 Wochen die Gärbehälter bei Gärende luftdicht verschließen und kühl lagern. Behälter gegen Gärungsende nicht mehr öffnen, damit kein Sauerstoff eindringen kann. Wenn sich beim Öffnen der Fässer keine weiße Kahmhaut auf der Maische befindet und kein Essiggeruch wahrzunehmen ist, war der Luftabschluß in Ordnung.

b) Bei einer Lagerung über 3 bis 4 Wochen soll bei abklingender Gärung eine Ansäuerung (siehe Seite 64) auf pH 2,8 bis 3 vorgenommen werden; anschließend muß man die Maischebehälter wieder luftdicht verschließen und möglichst kühl stellen. Nur so können nachteilige Veränderungen in der Maische größtenteils verhindert werden.

Die Ansäuerung erfolgt während der abklingenden Gärung und nicht nach der Gärung, damit sich noch etwas Kohlendioxid bilden kann, welches den Sauerstoff verdrängt.

Das Vollfüllen der Gärbehälter nach der Gärung ist etwas problematisch. Es kommt dabei Sauerstoff in die Maische, und es können sich dabei Kahmhefen, Essigbakterien und andere schädliche Mikroorganismen entwickeln.

Eine einwandfreie Lagerung von Zwetschkenmaischen über 5 bis 6 Monate soll einen Brand mit spezieller Note abgeben. Auch bei Kirschen soll es Sorten geben, wo eine 2 bis 3monatige Maischelagerung von Vorteil ist.

Holzfässer sind für eine längere Maischelagerung schlecht geeignet (Sauerstoffzutritt, Verdunstung). Für längere Maischelagerung sollte man nur luftdichte Kunststoffbehälter verwenden.

7.13 Brennzeitpunkt

Aroma und nochmals Aroma ist für Obstbrände besonders wichtig. Die größte Aromaausbeute erhält man bei abklingender Gärung bzw. bei Gärende. Früchte mit feinem Aroma wie Williams-Christ-Birnen, Himbeeren, Erdbeeren, aber auch Äpfel, sollen bereits bei abklingender Gärung abgetrieben werden.

Eine Lagerung von vergorenen Maischen führt meistens auch zu Aroma- und Qualitätsverlusten. Man soll sich das Einmaischen möglichst so einteilen, daß eine Maischelagerung nicht notwendig ist. Bei Zeitmangel sollte wenigstens der Rauhbrand durchgeführt werden.

8. Brenngeräte

Für den Haus- und Abfindungsbrenner wie für Stoffbesitzer sind in Österreich nur einfache Brenngeräte erlaubt. Die wesentlichen Teile sind Blase, Helm, Steigrohr und Kühler. Mit diesen Geräten ist ein zweimaliger Brand (Roh- und Feinbrand) notwendig.

Verschlußbrennereien haben Brenngeräte mit Verstärkungseinrichtungen, welche auch für einfache Brennkessel ab dem 1. Jänner 1995 erlaubt sind.

8.1 Werkstoff

Als Werkstoff kommt hauptsächlich Kupfer in Betracht. Kupfer ist ein altbewährter Werkstoff, der die Destillatqualität günstig beeinflußt. Außer Kupfer kann auch nichtrostender Stahl (Chrom-Nickel-Stahl) verwendet werden. Beide Werkstoffe sind gegen Säuren und andere Stoffe, welche sich in der Maische befinden, unempfindlich; sie haben auch eine sehr gute Wärmeleitfähigkeit.

Reine Edelstahlkessel sind für die Erzeugung von Qualitätsbrand ungeeignet. In der Maische befinden sich Schwefelverbindungen (z. B. Schwefelwasserstoff – Geruch fauler Eier), welche nur vom Kupfer gebunden werden (schwarzer Belag). Es muß also beim Brennkessel (ohne Kühler) immer Kupfer mit dabei sein (ca. $^1/_3$)

Durch eine Kombination beider Werkstoffe kann man die Nachteile ausschalten. Ein Kühler aus Edelstahl unterbindet die Grünspanbildung. Bei Kupfergeräten ist auch ein Steigrohr aus Edelstahl günstiger (Grünspanbildung).

Günstige Kombinationen

Blase bis Helm Kupfer – Steigrohr und Kühler Edelstahl.
Für hochwertige Brände ist diese Kombination nach heutigen Erkenntnissen die günstigste.
Blase und Kühler Edelstahl – Helm, Blasenhals und Steigrohr Kupfer.
Nachteile von Kupfer: Durch Säuredämpfe (z. B. Essigsäure) bildet sich Grünspan (giftig).
Nachteil von Edelstahl: Er bindet keine Schwefelverbindungen. Ab dem Steigrohr ist dies aber nicht mehr notwendig.
Diese einfachen Brennkessel, welche für den Abfindungsbrenner erlaubt sind, bestehen aus vier wesentlichen Teilen:

1. Brennblase
2. Helm
3. Geist- oder Steigrohr
4. Kühler mit Vorlage

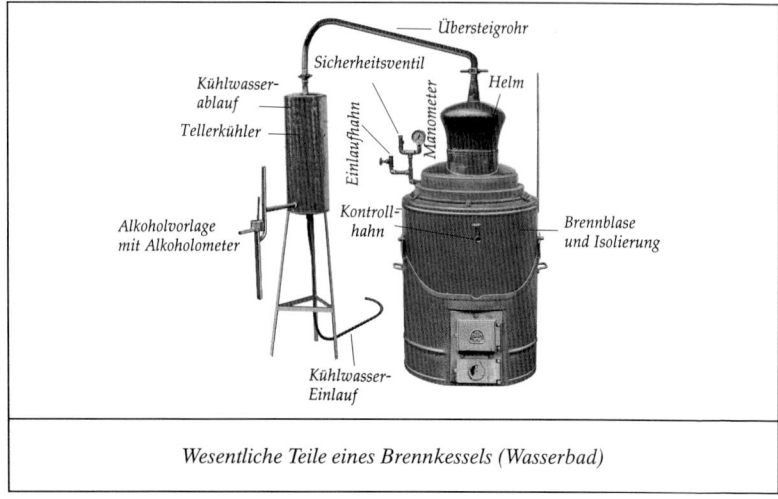

Wesentliche Teile eines Brennkessels (Wasserbad)

Jeder Teil des Brenngerätes hat beim Brennvorgang eine wesentliche Aufgabe zu erfüllen, deren Kenntnis für den Brenner wichtig ist.

8.1.1 Brennblase

Sie dient zur Erhitzung der Maische, damit die flüchtigen Stoffe verdampfen können. Die Werkstoffe Kupfer und Edelstahl haben eine ausgezeichnete Wärmeleitfähigkeit. Dies ist wichtig für einen sparsamen Brennstoffverbrauch wie für eine gute Wärmeverteilung und Wärmeübertragung auf die Maische.

8.1.2 Bauweise der Brennkessel

a) Einwandige Brennkessel

Lange Zeit war dies die einzige Bauart der Kessel. Zwischen Feuer und Maische ist nur das einfache Blech. In diesem Fall wird die Maische direkt erhitzt. Das Brennmaterial wird wohl sehr gut ausgenützt, doch haben diese Kessel den großen Nachteil, daß speziell dickflüssige Maischen leicht anbrennen. Diese

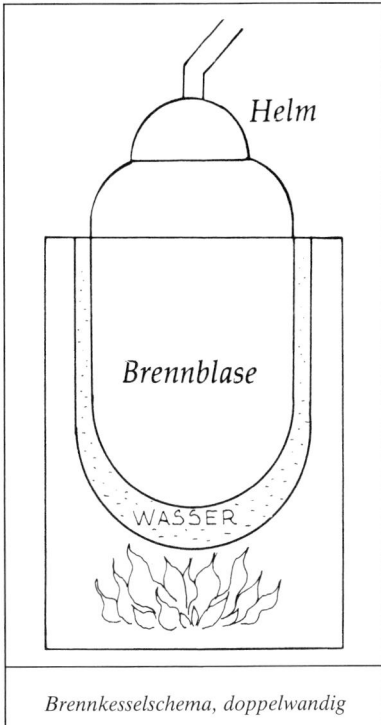

Brennkesselschema, doppelwandig

Stoffe gehen dann leider in den Branntwein über und vermindern seine Qualität, was bis zur Ungenießbarkeit führen kann. Hier hilft auch keine Kohlebehandlung mehr. Diese Kessel brauchen eine gröbere Maische, und das Heizen muß sehr vorsichtig und behutsam erfolgen. Auf Wunsch werden heute noch solche Kessel – mit einem Rührwerk versehen – hergestellt. Damit ist es möglich, während des Brennens immer wieder aufzurühren. Das Anbrennen kann auch stark eingeschränkt werden, wenn man den Kesselboden mit einem dichten, gut ausgekochten Weidengeflecht auslegt. Man kann auch die Maische bei abgenommenem Helm bis zum Kochbeginn umrühren. Hier treten aber gewisse Alkoholverluste bis zum Aufsetzen des Helms auf.

b) Zweiwandige Brennkessel

Wegen der Nachteile der einwandigen Brennkessel geht man immer mehr auf zweiwandige Kessel über. Sie werden auch, je nach Füllmittel, Wasserbad- oder Ölbadkessel genannt, wobei letztere kaum mehr gebaut werden. Durch das Feuer wird zuerst das Füllmittel erhitzt, und dieses gibt die Wärme an die Maische weiter. Bei Ölbadkesseln kann die Maische unter Umständen noch etwas anbrennen (speziell beim Entleeren), daher sind Wasserbadkessel für die Abfindungsbrenner am günstigsten. Die Maische kann nicht anbrennen, und der Abtrieb selbst kann sehr zügig vor sich gehen.

Damit die Maische vollständig entgeistet wird, muß die Temperatur des Wassers im Wasserbad höher als 100° C sein. Dies erreicht man dadurch, daß das vollkommen geschlossene Wasserbad einen Überdruck bis 0,5 bar erhält. Da-

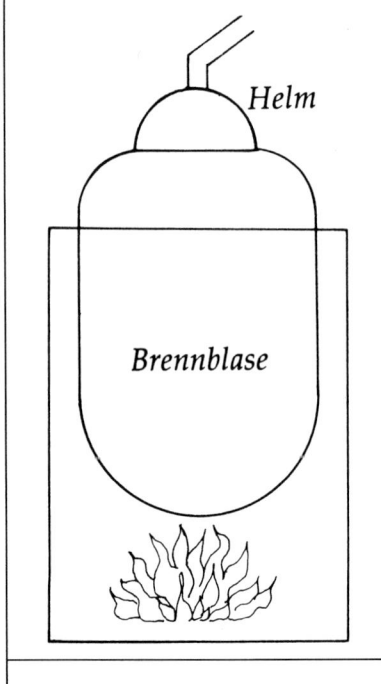

Brennkesselschema, einwandig

mit der Druck nicht höher steigen kann, muß ein Sicherheitsventil angebracht sein.

8.1.3 Beheizungsarten

1. Direkte Beheizung bei einwandigen Kesseln
2. Indirekte Beheizung bei Öl- und Wasserbadkesseln
3. Elektrische Heizung bei Öl- und Wasserbadkesseln
Der Vorteil bei der elektrischen Beheizung liegt in der feinen Regulierbarkeit der Hitze, außerdem wird kein Kaminanschluß benötigt. In der Anschaffung ist dieser Kessel etwas teurer als befeuerte Öl- oder Wasserbadkessel.

Vor dem Ankauf eines elektrischen Kessels ist die Anschlußmöglichkeit (ca. 15 kW) zu prüfen und der lokale Strompreis zu berücksichtigen. Wenn man das Brennmaterial selbst im Betrieb hat, ist ein befeuerter Kessel sicher wirtschaftlicher. Weiters ist zu bedenken, daß der Elektrokessel fast keine Wärme an den Brennraum abgibt. Falls der Brennraum keine Heizung hat, was ja vielfach der Fall ist, ist ein befeuerter Kessel empfehlenswerter. Man erreicht damit auch eine entsprechende Raumheizung. Dies ist besonders wichtig, wenn im Brennraum auch die Maische vergoren wird. Man hat so für das später eingemaischte Obst einen warmen Raum zur Verfügung.

Stromverbrauch eines elektrischen Kessels mit 103 l Nutzinhalt aus eigener Erfahrung:

Rauhbrand: ca. 30 kWh/Kesselfüllung – Feinbrand: ca. 40 kWh/Kesselfüllung.

Elektrobrennkessel mit Schlempeabfluß

Foto: Binderberger

Kohle- und Holzverbrauch zum Vergleich für einen Wasserbadkessel mit 103 l Nutzinhalt:

Rauhbrand: ca. 20 kg Briketts und etwas Brennholz
Feinbrand: ca. 26 kg Briketts und etwas Brennholz

Der Festbrennstoffverbrauch ist etwas schwankend, da auch die Heizungsart auf den Verbrauch einen Einfluß hat. Einen ungefähren Vergleich der Brennkosten kann sich jeder nach den lokalen Strom- und Kohlepreisen selbst ausrechnen. In Österreich erlaubte Energieträger für die Beheizung der Brenngeräte sind Holz, Kohle, Gas, Öl und Strom.

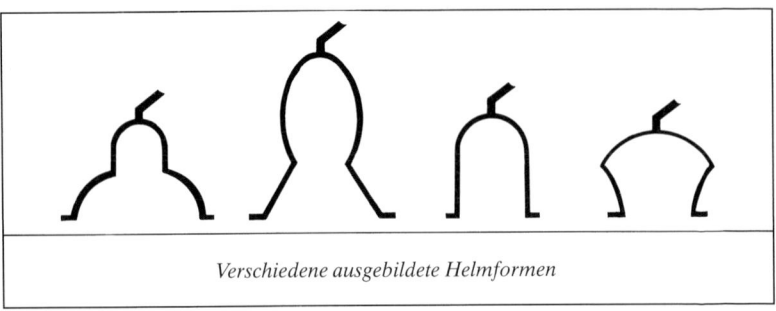

Verschiedene ausgebildete Helmformen

8.1.4 Helm

Der Kessel wird mit dem sogenannten Helm abgeschlossen. Die Helmform kann sehr verschieden sein. Wichtig ist nur, daß über dem Brennkessel vom Helm noch ein genügend großer Raum gebildet wird. Dieser Raum dient als Sammelraum für den gebildeten Dampf. Eine besonders wichtige Aufgabe hat der Helm als Vorkühler. Durch seine große Oberfläche und die gute Leitfähigkeit des Werkstoffes (Kupfer) erfolgt eine Abkühlung. An der Innenwand des Helms verflüssigt sich zuerst jener Stoff, welcher den höheren Siedepunkt hat – in unserem Fall verflüssigen sich also das Wasser und die höheren Alkohole. Diese Stoffe mit einem höheren Siedepunkt als der Trinkalkohol rinnen zum Teil wieder an der Innenseite des Helms in die Maische zurück. Bei schäumender Flüssigkeit kann man als letzte Maßnahme ein nasses, kaltes Tuch auf den Helm legen. Der Schaum kühlt dann ab und fällt in sich zusammen.

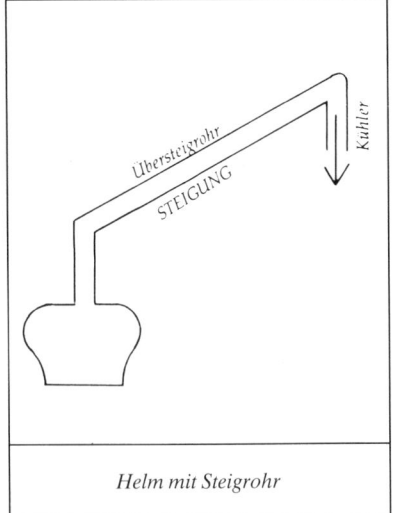

Helm mit Steigrohr

Der Helm mündet in das Geist- oder Steigrohr (siehe Abbildung).

8.1.5 Geist- oder Steigrohr

Es heißt deshalb Steigrohr, da dieses Rohr zum Kühler hin ansteigen soll. Auch hier erfolgt eine leichte Abkühlung, und Wasser sowie Fuselöle schlagen sich am Innenrohr nieder und rinnen zurück in den Helm und weiter in die Brennblase.

Beim Kesselkauf soll man daher darauf achten, daß der Helm genügend groß ausgebildet ist und das Steigrohr zum Kühler hin wirklich ansteigt.

8.1.6 Kühler und Vorlage

Der Kühler hat die Aufgabe, den übergehenden Dampf zu verflüssigen. Er muß so gebaut sein, daß eine vollkommene Abkühlung und Kondensation der

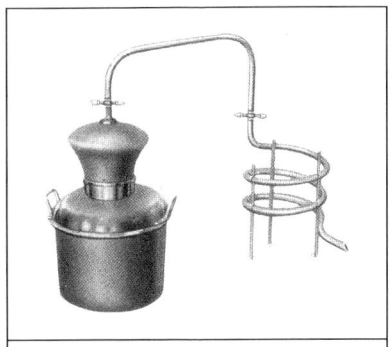

Einfaches Brenngerät zum Einbau in vorhandenen Ofen, Schlangenkühler

Dämpfe erfolgt. Das Destillat (Rauhwasser, Feinbrand) muß kalt ablaufen. Bei warmem Destillatablauf treten zum Teil große Alkohol- und Aromaverluste auf.

Die alten Kühlvorrichtungen waren oft zu schwach ausgelegt.

Heute unterscheidet man folgende Kühlertypen:

a) Schlangenkühler

Dies sind im allgemeinen spiralförmig gewundene Kupferschlangen, die sich in einem zylindrischen Wasserbottich befinden. Sie haben eine sehr gute Kühlwirkung. Ihr Nachteil ist die schlechte Reinigungsmöglichkeit. Nach längeren Stehzeiten bildet sich im Kühlrohr Grünspan, und dieser geht in das Destillat über.

b) Tellerkühler

In einem zylinderförmigen Metallbehälter, der im Kühlwasser steht, befinden sich tellerartige Metallscheiben. Neben der guten Kühlwirkung haben sie den Vorteil einer leichten Reinigung. Das Tellergestell kann zur Reinigung leicht herausgenommen werden.

c) Röhrenkühler
In einem Zylinder befindet sich ein senkrechtes Röhrenbündeel, das vom Kühlwasser umspült ist. In den Röhren kondensiert das Dampfgemisch. Bei sehr hartem Wasser kann es zu Verkalkungen der Röhren führen. Man soll daher den Kühler öffnen können, damit eine Entkalkung möglich ist.

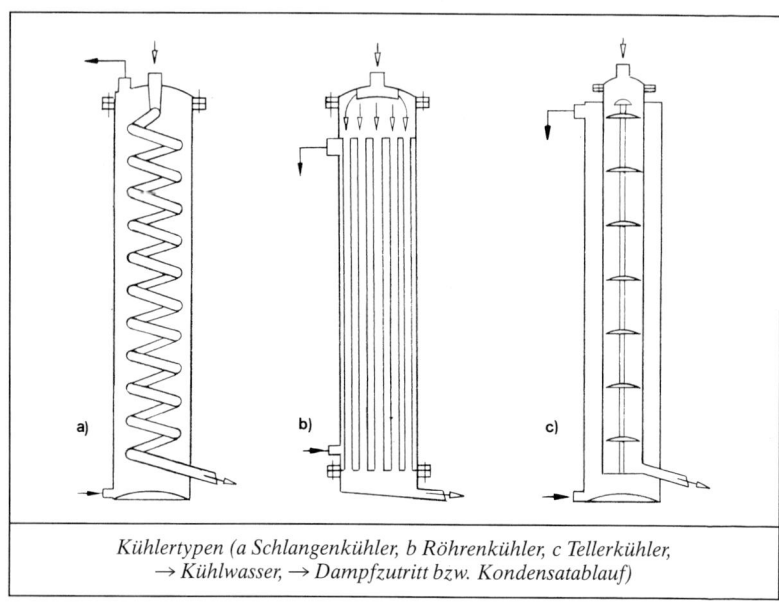

Kühlertypen (a Schlangenkühler, b Röhrenkühler, c Tellerkühler,
→ Kühlwasser, → Dampfzutritt bzw. Kondensatablauf)

Wasserzufluß beim Kühler
Er muß stets von unten erfolgen. Das kalte Wasser muß dort sein, wo das Destillat den Kühler verläßt, das warme Wasser wird oben abgeleitet. Das Destillat verläßt den Kühler über ein Auslaufrohr und wird in einem aufgestellten Gefäß aufgefangen. Dies hat den Nachteil, daß zum Messen des Alkoholgehaltes

Vorlage mit Glasabdeckung und Alkoholableitung in abgedecktem Kübel

Hartgummiring mit 2 Eintiefungen für Glas und Vorlage – geringste Aroma- und Alkoholverluste

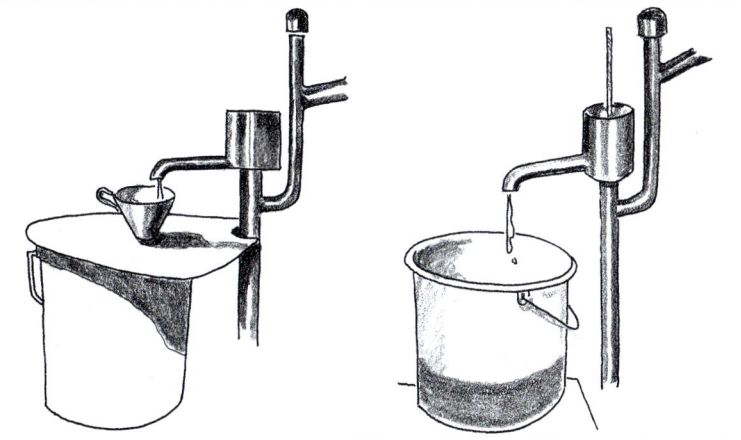

Auch so ist es möglich

Zuviel Luftberührung – nicht zu empfehlen

immer etwas Flüssigkeit aufgefangen werden muß. Falls doch etwas mehr gebrannt wird, wäre eine sogenannte Vorlage sehr zu empfehlen. Diese wird einfach auf das Auslaufrohr des Destillats am Kühler aufgesteckt.

Vorlage
In der Vorlage ist eine Vertiefung zur Aufnahme des Alkoholmeters angebracht. Man kann so zu jeder Zeit die Alkoholstärke ablesen. Eine Abdeckung der Vorlage mit einer Glasglocke verhindert Aroma- und Alkoholverluste. Der Abfluß des Destillats vom Kühler zum Auffanggefäß soll auf kürzestem Weg und ohne viel Luftberührung (Alkoholverluste, Aromaverluste) erfolgen. Nie frei in ein offenes Gefäß plätschern lassen.

Die Vorlage ist beim Auffangen des Vorlaufes zu entfernen, damit nicht Vorlaufreste in der Vorlage bleiben.

Kesselfüllung mit Einfülltrichter

8.1.7 Befüllung und Entleerung

Diese Arbeit müßte rasch und ohne besondere Schwierigkeiten erfolgen. Dies ist besonders für die Abfindungsbrennerei wichtig, damit die festgesetzte Brennzeit gut ausgenützt werden kann.

Zum Befüllen muß eine genügend große Öffnung vorhanden sein. Zusätzlich kann noch ein Trichter aufgesetzt werden. Weiters soll die Füllöffnung rasch zu öffnen und zu schließen sein. Vielfach wird die Füllöffnung durch Abnahme des Helmes gebildet. Es gibt auch Brennkessel mit eigener Füllöffnung.

Für die Entleerung gibt es grundsätzlich drei Möglichkeiten:
a) Entleerung durch Kippen des ganzen Brennkessels – dies geht sehr rasch und problemlos.
b) Entleerungsstutzen am Kesselboden seitlich abführend. Der Durchmesser soll mindestens 15 bis 20 cm betragen, damit auch die dickflüssige Schlempe (Brennrückstand im Kessel) gut entleert werden kann.

c) Das Herausschöpfen der Schlempe bei alten gemauerten Brennkesseln ist heute nur mehr selten anzutreffen. Diese Art der Entleerung ist sehr zeitraubend und nicht empfehlenswert.

Beim Brennen selbst ist darauf zu achten, daß alle Teile des Kessels dicht sind. Schon bei geringfügigem Entweichen von Dämpfen kann es zu größeren Alkoholverlusten kommen.

| *Entleerung durch Kippen* | *Entleerung über Entleerungsstutzen* |

8.1.8 Sondereinrichtungen

Das einfache Brenngerät kann mit Sondereinrichtungen ausgestattet werden.

Sondereinrichtungen:

1. Wasserbad bis 0,5 bar
2. Ablaßhahn oder Kippvorrichtung
3. Rührwerk
4. Rohr, durch das Dampf aus dem Wasserbad in die Brennblase geleitet wird (Dampfüberleitungsrohr)
5. Öl-, Gas- oder Elektroheizung
6. Ölbad
7. Verstärkungsanlagen, die aus nicht mehr als 3 Destillationsstufen (Böden) und einem Dephlegmator (Verstärker) bestehen.

Wasserbadbrennkessel in Kupfer mit aufgesetzter Feinbrennkolonne (3 Verstärkerböden), Rührwerk, Kupferkatalysator und automatischer Kühlwasserregelung.

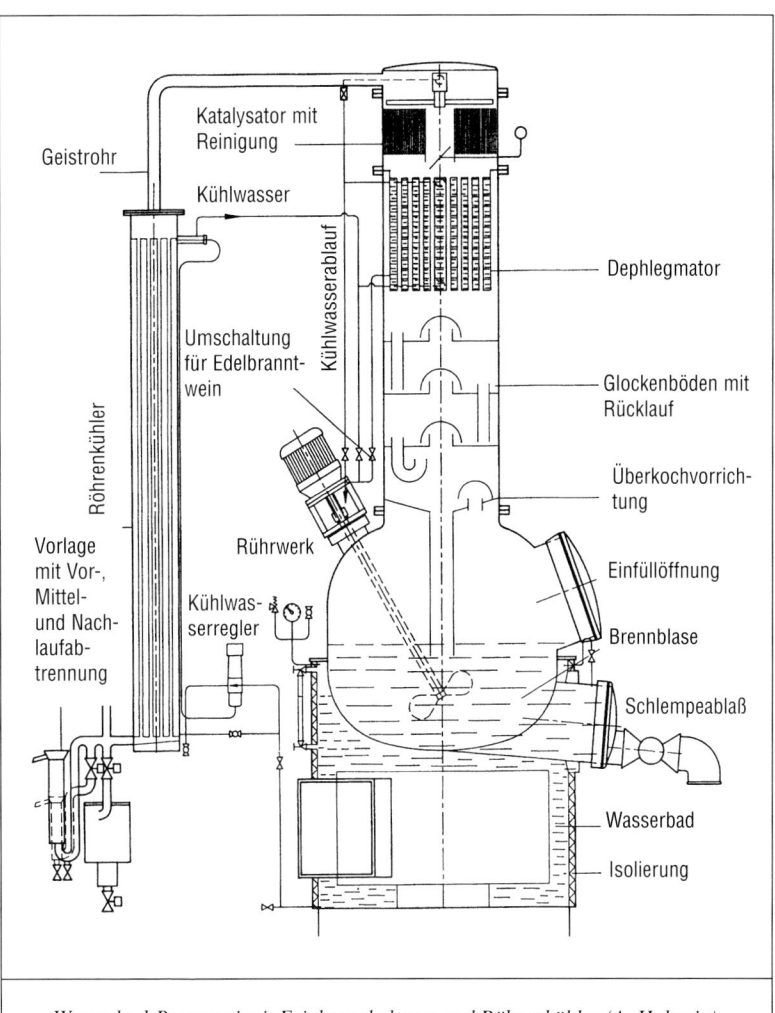

Katalysator mit Reinigung

Geistrohr

Kühlwasser

Kühlwasserablauf

Dephlegmator

Umschaltung für Edelbranntwein

Glockenböden mit Rücklauf

Überkochvorrichtung

Röhrenkühler

Rührwerk

Vorlage mit Vor-, Mittel- und Nachlaufabtrennung

Kühlwasserregler

Einfüllöffnung

Brennblase

Schlempeablaß

Wasserbad

Isolierung

Wasserbad-Brennerei mit Feinbrennkolonne und Röhrenkühler (A. Holstein)

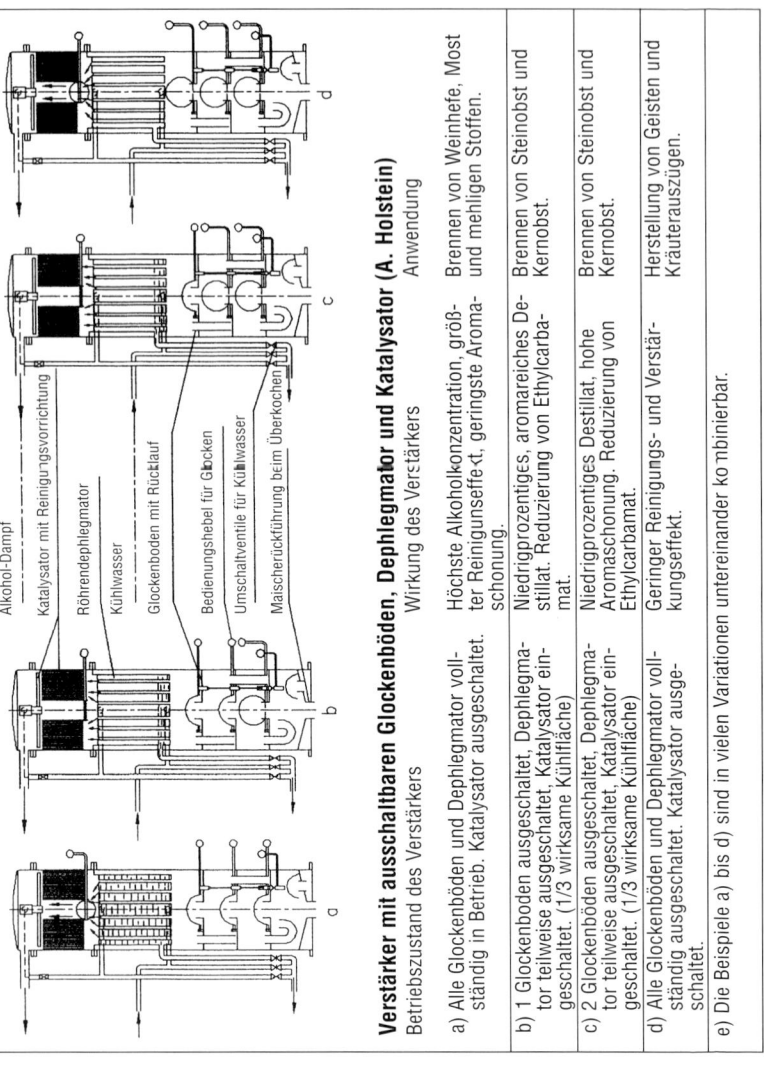

Alkohol-Dampf
Katalysator mit Reinigungsvorrichtung
Röhrendephlegmator
Kühlwasser
Glockenboden mit Rücklauf
Bedienungshebel für Glocken
Umschaltventil für Kühlwasser
Maischerückführung beim Überkochen

Verstärker mit ausschaltbaren Glockenböden, Dephlegmator und Katalysator (A. Holstein)

Betriebszustand des Verstärkers	Wirkung des Verstärkers	Anwendung
a) Alle Glockenböden und Dephlegmator voll-ständig in Betrieb. Katalysator ausgeschaltet.	Höchste Alkoholkonzentration, größter Reinigunseffekt, geringste Aromaschonung.	Brennen von Weinhefe, Most und mehligen Stoffen.
b) 1 Glockenboden ausgeschaltet, Dephlegmator teilweise ausgeschaltet, Katalysator eingeschaltet. (1/3 wirksame Kühlfläche)	Niedrigprozentiges, aromareiches Destillat. Reduzierung von Ethylcarbamat.	Brennen von Steinobst und Kernobst.
c) 2 Glockenböden ausgeschaltet, Dephlegmator teilweise ausgeschaltet, Katalysator eingeschaltet. (1/3 wirksame Kühlfläche)	Niedrigprozentiges Destillat, hohe Aromaschonung. Reduzierung von Ethylcarbamat.	Brennen von Steinobst und Kernobst.
d) Alle Glockenböden und Dephlegmator voll-ständig ausgeschaltet. Katalysator ausgeschaltet.	Geringer Reinigungs- und Verstärkungseffekt.	Herstellung von Geisten und Kräuterauszügen.
e) Die Beispiele a) bis d) sind in vielen Variationen untereinander kombinierbar.		

Verstärkungseinrichtungen

Um einen höherprozentigen Alkohol zu gewinnen, ist bei den einfachen Brenngeräten (Blase, Helm, Steigrohr und Kühler) ein zweimaliges Brennen notwendig.

Um in einem Arbeitsgang hochprozentige Destillate zu gewinnen, wurden spezielle Verstärkungsaufsätze konstruiert. Im Verstärkeraufsatz sind Glockenböden (in Österreich höchstens 3 erlaubt) eingebaut.

Vereinfacht dargestellt nimmt die Alkoholkonzentration, bedingt durch Abkühlung und Erhitzung, von Boden zu Boden zu. Durch Abschalten von 1, 2 oder allen 3 Böden wie durch Wärmezufuhr und Kühlung kann man den Erfordernissen entsprechend regulieren (siehe Aufstellung Seite 90, Firma Holstein).

Katalysator

Er hat die Aufgabe, noch vorhandene unerwünschte Stoffe auszuschalten. Dies sind hauptsächlich Blausäure (giftig) und Ethylcarbamat (krebsfördernd). Beide Stoffe entstehen aus dem Amygdalin, das in den Steinen des Obstes enthalten ist.

Dephlegmator

Unter „Dephlegmation" versteht man eine Teilkondensation (Teilverflüssigung). Durch gezielte Kühlung kondensieren zuerst die Stoffe mit einem höheren Siedepunkt als Wasser, wie z. B. höhere Alkohole. Der verbleibende Restdampf ist alkoholreicher und wird zum Kühler weitergeleitet.

Bei einfachen Brenngeräten darf der Rauminhalt der Blase 150 Liter nicht überschreiten. Als Füllraum der Brennblase gelten 80 v. H. ihres Rauminhaltes, wenn der Rauminhalt des Helmes 36 v. H. des Rauminhaltes der Brennblase nicht übersteigt. Ist der Rauminhalt des Helmes größer, so gilt der Rauminhalt der Brennblase als Füllraum.

8.2 Reinhaltung der Brenngeräte

Für die Erzeugung eines reintönigen und guten Destillates ist Sauberkeit eine wichtige Voraussetzung. Die Rohstoffe müssen vor dem Einmaischen gesäubert werden. Besonderes Augenmerk ist auf die Sauberkeit der Maischebehälter zu legen. Genauso wichtig oder fast noch wichtiger ist die entsprechende Sauberhaltung der Brenngeräte. Nirgends dürfen sich Ablagerungen und Krusten ansetzen, sonst würden die Alkoholdämpfe verschiedene unerwünschte Stoffe aufnehmen. Man soll nach jedem Maischebrand Kessel und Helm säubern (mit Bürste und reinem Wasser). Zwischendurch ist eine Reinigung mit heißer Sodalösung oder P_3 zu empfehlen, damit sich auch die fettigen und wachsartigen Stoffe lösen. Dabei sind das Steigrohr und der Kühler miteinzubeziehen. Dort sieht man den Schmutz weniger, aber hier schädigt er am meisten. Beim Steig- oder Geistrohr kann man eine Flaschenbürste mit einer Schnur öfters durchziehen. Den Schlangenkühler mit heißer Sodalösung öfters füllen (Abfluß mit Kork verschließen) und wieder durchwaschen.

Elektrobrenngeräte – Blasenhals auch aus Kupfer (Blase und Kühler aus Edelstahl)
Foto: Binderberger

Beim Röhrenkühler wird auch eine Flaschenbürste durchgezogen.
Tellerkühler können zur Reinigung zerlegt werden.
Eine gute Reinigung wird mit Dampf erzielt. Man füllt den Kessel mit Wasser und destilliert ohne Kühlwasser ab. Der Dampf muß längere Zeit (ca. $^1/_4$ Stunde, je nach Verschmutzung) bei der Vorlage ausströmen. Den Dampf kann man

eventuell mit einem Schlauch ins Freie leiten. Auch neue Kessel sollen vor Inbetriebnahme ausgedämpft werden.

Eine besonders gründliche Reinigung ist jeweils vor dem Feinbrand durchzuführen. Beim Feinbrand wirkt sich natürlich jede Verunreinigung am stärksten aus, da sich die aufgenommenen Stoffe dann im Destillat befinden. Geruchs- und Geschmacksfehler des fertigen Brandes sind sicher oft auf stark verunreinigte Kessel zurückzuführen.

Auch nach dem Abtrieb stark aromatischer Stoffe (Wacholder) ist eine besonders gründliche Reinigung notwendig.

Kupferkessel sollte man außen mit einer 10%igen Sodalösung putzen und dabei die Lösung auf die noch warmen Teile auftragen; Edelstahl kann man mit einem Geschirrspülmittel ohne kratzendes Material reinigen.

Nach der Brennsaison muß man eine Generalreinigung durchführen. Sollte sich Kalkstein abgesetzt haben, kann er mit 10%iger Ameisensäure aufgelöst werden. Nach dem Auflösen der Krusten gut mit Wasser nachspülen!

Für die Kühlerreinigung eignet sich eine 3–5%ige Ätznatronlösung. Einige Zeit einwirken lassen und dann gut nachspülen!

9. Das Abbrennen der Maische (Abtrieb, Destillation)

Wenn alle Arbeiten bis jetzt ordnungsgemäß durchgeführt wurden, befinden sich in der Maische die gewünschten Stoffe, welche das Destillat ergeben sollen. Durch das Brennen oder die Destillation sollen der Trinkalkohol (Ethylalkohol) und die guten Geschmacks- und Aromastoffe von den anderen Bestandteilen der Maische abgetrennt und angereichert werden. Die Güte des gewonnenen Destillates hängt sehr stark vom Brennvorgang ab. Doch alle Brennkunst nützt nichts, wenn die Maische nicht in Ordnung ist. Gute Qualität kann nur aus einwandfreier Maische gewonnen werden. Alle kleineren und größeren Fehler, die auf dem Weg bis zur vergorenen Maische passiert sind, wirken sich beim Brennen qualitätsverschlechternd aus. Der beste Schnapsbrenner kann solche Fehler nicht mehr ausmerzen. Sicher bereitet es keine besonderen Schwierigkeiten, aus einer guten Maische einen reintönigen, guten Brand herzustellen, man muß dazu nur über den eigentlichen Brennvorgang Bescheid wissen und sich an einige wesentliche Punkte halten.

9.1 Bestandteile der Maische

9.1.1 Flüchtige Bestandteile

Beim Brennvorgang sind folgende Stoffe im Rauhbrand (Lutter) anzutreffen: Wasser, Ethylalkohol (Trinkalkohol), Methylalkohol (Methanol – giftig), Essigsäure, Essigester, höhere Alkohole (Fuselöl), Acetaldehyd, Blausäure (bei Steinobst), Aromastoffe (ca. 70 verschiedene), Ester usw.
Eine Trennung dieser flüchtigen Stoffe geschieht beim Feinbrand.

9.1.2 Nichtflüchtige Bestandteile

Das sind feste oder gelöste Stoffe des Obstes, wie zum Beispiel Zellteile, Salze, Säuren u. a. Sie bleiben als Rückstand im Brennkessel (Schlempe).

9.2 Grundlage des Brennens

Die Hauptbestandteile der vergorenen Maische, Wasser und Alkohol, haben verschiedene Siedepunkte. Wasser siedet unter Normalbedingungen bei 100° C

und Alkohol bei 78,3° C. Beim Erwärmen der Maische verdampfen Wasser und
Alkohol gleichzeitig. Da aber der Alkohol einen niedrigeren Siedepunkt hat,
verdampft im Verhältnis zum Wasser immer mehr Alkohol. Dies geht bis zum
Siedepunkt des Alkohols, also bis zu 78,3° C. Wenn man stärker erhitzt, nähert
man sich immer mehr dem Siedepunkt des Wassers, und der Wasseranteil im
Dampf nimmt zu. Daher ist zu starkes Anheizen nicht sinnvoll, was besonders
beim zweiten Brand zu beachten ist.

*Kupferkessel
mit Schauglas*

Gleichzeitig mit Wasser und Alkohol verdampfen auch die restlichen flüchtigen
Stoffe. Auch hier spielen der Siedepunkt und das Mischungsverhältnis mit anderen Stoffen eine Rolle. Die Stoffe mit niedrigerem Siedepunkt wie Essigester
und Acetaldehyd verdampfen gleich am Beginn des Erhitzens; jene Stoffe, die
einen höheren Siedepunkt als der Trinkalkohol haben, verdampfen erst später
und bei höheren Temperaturen (höhere Alkohole = Fuselöl).
Durch zweimaliges Brennen ist es nun möglich, die einzelnen flüchtigen Stoffe
so zu trennen, daß man ein gutes Destillat erhält, indem man die minderwerti-
gen Stoffe abtrennt. Bei der Trennung kommt es also besonders auf die richtige
Temperaturführung beim Feinbrand an.

9.3 Das Rauh- und Feinbrennen

Die Anmeldung zur abfindungsweisen Alkoholherstellung hat mindestens 5 Werktage vor Brennbeginn beim zuständigen Zollamt zu erfolgen (weiteres siehe Seite 152).

Moderner Kupferbrennkessel, Steigrohr und Kühler in Edelstahl, großer Steigraum mit Schauglas, Kühlwasserthermostat (geringer Wasserverbrauch)

Zur Erzeugung eines guten, reintönigen und genußfähigen Destillates ist bei den einfachen Brennkesseln der Abfindungs- und Hausbrenner ein zweimaliges Brennen unbedingt notwendig.

Durch das zweimalige Brennen können bei entsprechender Maischequalität hervorragende Qualitäten erzeugt werden.

9.3.1 Rauhbrand oder erster Brand

Jeder Kessel hat einen bestimmten Nutzinhalt (Füllraum), der geringer ist als der Rauminhalt (Gesamtinhalt).

Trotz des größeren Helms muß noch zusätzlich genügend Raum für die Dämpfe bleiben. Weiters neigen verschiedene Maischen (Holler, Geläger, nicht ganz vergorene Maische) zu mehr oder weniger Schaumbildung. Damit der Schaum nicht gleich in das Steigrohr und in den Kühler gelangt, ist auch ein entsprechender Raum notwendig. Sollte einmal Schaum bis in den Kühler übergehen, muß man Steigrohr und Kühler selbstverständlich durchwaschen. Die Schaumbildung kann man durch Zugabe von Silicon-Antischaum-US (2 bis 5 g/hl) verhindern.

Im allgemeinen kann der in der Gerätebeschreibung des Zollamtes angegebene Füllraum voll ausgenützt werden. Bei schäumender Maische (ohne Antischaummittel) füllt man besser nur zwei Drittel voll und heizt etwas langsamer an.

Während des Brennvorganges werden in der Maische neue Aromastoffe gebildet. Ein zu rasches Abbrennen würde dies teilweise unterbinden. Man darf aber auch nicht zu langsam brennen, weil sich auch während des Brennens unerwünschte Stoffe bilden können. Ein zügiges Abbrennen ist am günstigsten (ca. 2 bis $2^1/_2$ Stunden pro Füllung).

Wasserzusatz

In verschiedenen Fällen wird es notwendig sein, die Maische mit Wasser zu verdünnen. Bei einwandigen Kesseln ohne Rührwerk muß die Maische sehr dünnflüssig sein, um ein Anbrennen zu verhindern. Beim Vorhandensein eines Rührwerkes, aber besonders bei Öl- und Wasserbadkesseln, kann man wesentlich dickflüssigere Maischen verwenden; hier kann die Maische dicksuppig sein. Zu dicke Maischen sind schlecht, da die Entgeistung schwerer vor sich geht.

Maischeentnahme bei Faß mit Tüchern

Bei enzymbehandelten Maischen ist im allgemeinen kein Wasserzusatz notwendig, da sie bereits sehr dünnflüssig sind.

Maischequalität

Nach dem Öffnen der Maischefässer wird die Maische vor dem Brennen auf ihre Qualität geprüft. Man schaut in das Faß hinein, riecht und kostet eventuell etwas Maische. Bei einwandfreier Maischeverarbeitung, Gärung und Lagerung darf sich auf der Maische weder eine weiße Kahmhaut befinden, noch darf es nach Essig riechen.

Befindet sich an der Oberfläche eine schmierige weißgraue oder sonst fehlerhafte Maische, so wird diese vorsichtig entfernt, da sie zum Brennen nicht geeignet ist. Nun wird die Maische kurz umgerührt. Sollte die gesamte Maische fehlerhaft sein (Essigstich, übler Geruch usw.), soll sie gesondert abgebrannt werden. Gewisse Fehler können später zum Teil etwas korrigiert werden (siehe Destillatfehler). Eine Mischung mit guter Maische ist nicht zu empfehlen.

Nach gründlicher Reinigung des Brennkessels wird die Maische eingefüllt, eventuell mit Wasser verdünnt und der Kessel verschlossen. Bei einwandigen Kesseln mit großer Anbrenngefahr läßt man den Kessel noch offen, damit man umrühren kann. Beim Einsetzen der Dampfbildung muß er aber verschlossen werden. Nach dem Verschließen soll man darauf achten, daß nirgends Dampf entweichen kann (Alkoholverluste).

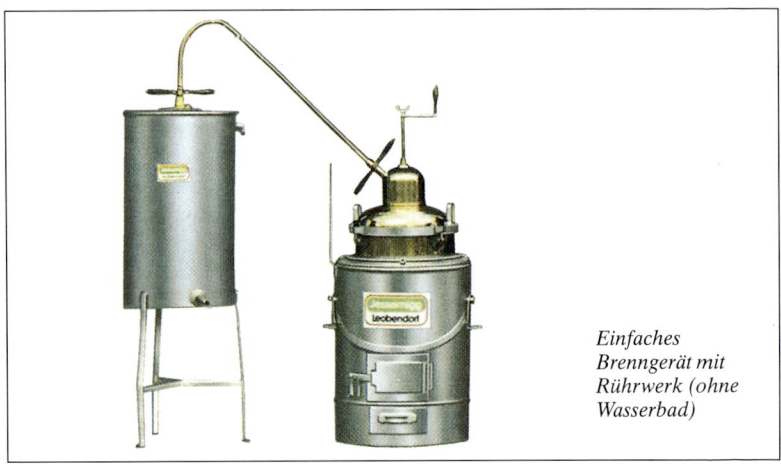

Einfaches Brenngerät mit Rührwerk (ohne Wasserbad)

Brennvorgang

Der Rauhbrand hat die Aufgabe, die flüchtigen von den nichtflüchtigen Stoffen zu trennen. Durch das Erhitzen der Maische verdampfen die flüchtigen Stoffe. Sie kommen über das Steigrohr in den Kühler und werden dort abgekühlt und verflüssigt. Die reine Brennzeit pro Kessel ist sehr verschieden. Sie hängt von der Kesselgröße und auch von der Bauart ab. Als Richtwert kann man 2 bis $2^1/_2$ Stunden reine Brennzeit rechnen.

Ein zu rasches Abtreiben ist aromaschädigend. Es destilliert zuviel Wasser über und nimmt im Dampf zu viele unerwünschte Stoffe wie höhere Alkohole, Fettsäuren usw. mit.

Dazu kommt noch die Zeit für die Entleerung, Reinigung und Füllung. Eine Temperatur von 70 bis 80° C kann man bald erreichen. Ab dieser Temperatur soll langsam weitergeheizt werden, damit der weitere Temperaturanstieg nur langsam vor sich geht. Dies ist besonders wichtig, damit der Alkohol und die Aromastoffe Zeit zum Entweichen haben.

Das Produkt des Rauhbrandes bezeichnet man als Rauhbrand, Rohbrand oder auch als Lutter. Die Menge beträgt ca. $^1/_4$ bis $^1/_3$ der Maischemenge. Am Brennbeginn beträgt der Alkoholgehalt je nach Obstart ca. 40 bis 60 %vol. Im gesamten Rauhbrand liegt der Alkoholgehalt dann zwischen 20 und 30 %vol., manchmal sicher auch darunter. Der Alkoholgehalt ist stark schwankend, da er vom Rohstoff, der Maischequalität und dem Wasserzusatz abhängt.

Ende des Rauhbrandes

Der Rauhbrand ist beendet, wenn der Alkoholgehalt des ablaufenden Destillats nur mehr 3 bis 2 %vol. beträgt. Den gesamten Alkohol aus der Maische abzutreiben würde zuviel Zeit und Brennstoff benötigen, auch würde das Rauhwasser zu stark verwässert. Weiters können gegen Ende des Brennens vermehrt unerwünschte Stoffe übergehen. In obstreichen Jahren wird man vielleicht schon etwas früher aufhören als in obstarmen Jahren. Am Alkoholometer in der Vorlage kann dieser geringe Alkoholgehalt nicht mehr genau abgelesen werden (Auftrieb). Man muß gegen Brennende etwas Destillat auffangen, damit der Alkoholgehalt in einem Meßzylinder mit einem größeren Alkoholometer gemessen werden kann (siehe Alkoholbestimmung, Seite 111).

Es gibt eigene Luttermesser, wo eine genaue Ablesung bei diesem niedrigen Alkoholgehalt möglich ist (Meßbereich: 0 bis 10 %vol. Alkohol).

Inhaltsstoffe des Rauhbrandes (Lutter)

Dies sind hauptsächlich Trinkalkohol und Wasser, dazu kommen, je nach Maischequalität, gute und teilweise auch schlechte Aromastoffe, Fuselöl, Essigester u. a. Der Rauhbrand ist trüb und schmeckt unharmonisch und unangenehm. Drei bis vier Rauhbrände ergeben einen Kessel zum Feinbrennen. Man brennt aber zuerst mehr Maische ab und sammelt das Rauhwasser, damit man dann mehrere Feinbrände durchführen kann.

Vor dem Feinbrand wird der Kessel gut gereinigt, besonders das Steigrohr und der Kühler, damit keine unerwünschten Stoffe in den Feinbrand übergehen.

9.3.2 Feinbrand oder zweiter Brand

Er hat die Aufgabe, den Alkoholgehalt zu erhöhen und den Rauhbrand zu reinigen bzw. die guten Inhaltsstoffe, besonders die Aromastoffe, von den schlechten zu trennen. Das wird hauptsächlich dadurch erreicht, indem man eine Trennung des Destillats in Vorlauf, Mittellauf und Nachlauf durchführt (fraktionierte Destillation).

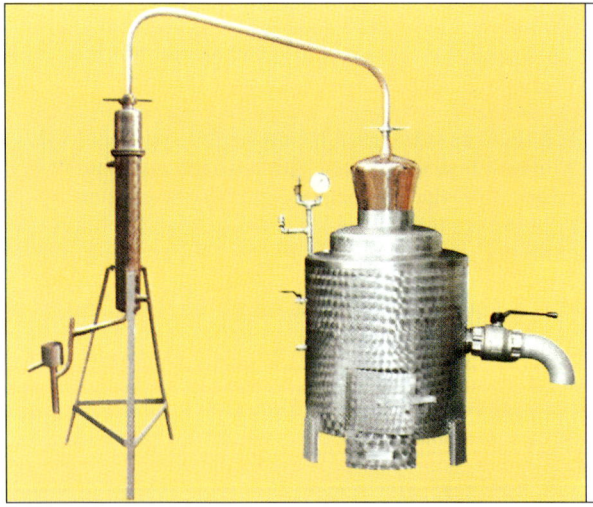

Brenngerät zum Heizen mit Holz, Kohle oder Gas

Brennvorgang

Um eine gute Trennung der verschiedenen Inhaltsstoffe zu ermöglichen, muß ganz langsam angeheizt werden. Als Faustregel kann gelten, daß nach zirka einer Stunde am Kühler das Destillat zu tropfen beginnt. Nur durch das langsame Anheizen können die unerwünschten Stoffe mit niedrigem Siedepunkt (Aldehyd, Essigester, etwas Methylalkohol) zuerst verdampfen. Auch später soll das Destillat im Mittellauf nicht zu stark rinnen. Der Feinbrand braucht, wenn er ordentlich durchgeführt wird, mindestens vier Stunden.

Den Feinbrand rasch abzubrennen ist der größte Fehler beim Schnapsbrennen. Trotz guter Maische kann man keine guten Qualitäten mehr erzeugen. Der Feinbrand wird in drei Teilen (Fraktionen) aufgefangen.

1. Vorlauf

Beim langsamen Anheizen enthält er hauptsächlich die besonders leichtflüchtigen Stoffe wie Aldehyde, Essigester und etwas Methylalkohol. Daneben sind auch schon Trinkalkohol und gute Aromastoffe enthalten, und dies umso mehr, je rascher angeheizt wird. Besonders beim Apfel, aber auch bei anderen Früchten gehen die Aromastoffe gleich am Brennbeginn über und befinden sich dann zum Teil im Vorlauf statt im Mittellauf, wo sie hingehören.

Merke daher: Beim Feinbrand langsam anheizen, so daß nach einer Stunde das Destillat beim Kühler zu tropfen beginnt. Die Vorlage ist zum Auffangen des Vorlaufes abzunehmen, damit eine saubere Abtrennung möglich ist. Bei manchen Kühlern läuft das Destillat nicht vollkommen ab. Dies gibt Probleme beim

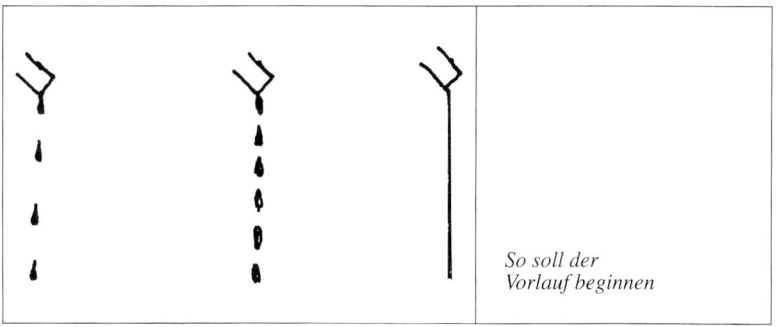

So soll der Vorlauf beginnen

Feinbrand, denn es bleiben Vorlaufprodukte liegen, und man bekommt keine saubere Vorlaufabtrennung. Daher sollte man nach einer Destillation den Kühler etwas kippen und das Ablaufrohr versetzen, wenn Destillat herausrinnt. Im Kühler bleiben oft Vor- und Nachlaufreste haften und verunreinigen den Mittellauf. Dies kann man mit zwei Kühlern und einem Dreiweghahn verhindern. Ein Kühler ist für den Vor- und Nachlauf, der zweite für den Mittellauf.

Die Menge des Vorlaufs hängt stark von der Maischequalität ab, so daß man keine exakten Werte angeben kann. Den Übergang vom Vorlauf zum Mittellauf kann man nicht genau festlegen. Die Meinung, daß beim Klarwerden des Destillats der Vorlauf fertig ist, stimmt nicht ganz. Man kann eigentlich nur durch Verkosten feststellen, wann der Vorlauf zu Ende ist. Es empfiehlt sich, dabei folgende Methode anzuwenden: Man numeriert vier bis fünf $1/4$-l-Gläser (bei guter Maischequalität $1/8$-l-Gläser) und beginnt mit dem ersten den Vorlauf aufzufangen und füllt die Gläser der Reihe nach an. Durch Verkosten muß man nun fest-

Bäuerliche Abfindungsbrennerei mit zwei Kühlern (einer für Vor- und Nachlauf, einer für Mittellauf)

stellen, ab welchem Glas die Qualität den Anforderungen entspricht und der Vorlauf abgebrochen werden kann.

Verkostung des Vorlaufes

Es wird mit dem letzten Probeglas begonnen. Man gibt etwas Vorlauf in ein Stamperl, verdünnt mit Wasser (ein Teil Vorlauf + $1^1/_2$ bis 2 Teile Wasser) und kostet. Man kostet nun Probe für Probe bis zur Geschmacksveränderung. Ab der ersten Probe mit dem Vorlaufgeschmack ist dann alles Vorlauf. Jetzt zeigt sich, welche Maischequalität man hat und wie sorgfältig der Feinbrand durchgeführt wurde.

Die Vorlaufmenge beträgt je nach Maischequalität $^1/_3$ bis $1^1/_2$ Liter. Wenn am Beginn zu rasch gebrannt wird, steigt auch der Vorlaufanteil. Je mehr Vorlauf man weggeben muß, desto mehr Aromastoffe fehlen im Mittellauf. Man kann aber nicht wegen der Aromastoffe einen Vorlauf zum Mittellauf geben.

Vorlauf-Testgerät

Wer sich auf seinen Geschmackssinn nicht verlassen will, kann mit einem Vorlauf-Abtrennungstest nach Prof. Pieper das Vorlaufende feststellen. Man bekommt die Grundausstattung mit den Reagenzien im Fachhandel.

Verwendung des Vorlaufes

Er soll gesondert gesammelt und nicht wieder dem nächsten Feinbrand zugegeben werden, sonst käme es zu einer Anreicherung dieser unerwünschten Stoffe, und die Abtrennung würde immer schwieriger. Den Vorlauf, je nach Gebiet auch Vorschuß genannt, verwendet man zum Ansetzen von Kräutereinreibungen (Arnikaschnaps), zur Wundbehandlung u. a.

2. Mittellauf

Sobald das Destillat einwandfrei schmeckt, beginnt der Mittellauf. Man fängt ihn in einem gesonderten Gefäß ohne viel Luftberührung auf. Er beginnt mit ca. 70 bis 80 %vol. Alkohol zu rinnen. Im Mittellauf sind die erwünschten Bestandteile, welche den Trinkbranntwein ergeben, enthalten. Hier ist es besonders wichtig, langsam abzubrennen. Der Alkoholgehalt sinkt mit dem Brennvorlauf langsam ab. Das Ende des Mittellaufes und der Beginn des Nachlaufes können nicht exakt bestimmt werden. Die sicherste Methode ist das Kosten, wobei eine gewisse Erfahrung notwendig ist.

Bei einem Alkoholgehalt von 50 bis 45 %vol. soll man auch bei guter Maischequalität den Mittellauf beenden und den Nachlauf in einem anderen Gefäß auffangen. Jetzt befinden sich in vermehrtem Maße unerwünschte Stoffe (Fuselöle u. a.) im Destillat, welche die Qualität ungünstig beeinflussen würden. Sollte es sich durch Verkosten ergeben, daß die Qualität doch noch in Ordnung ist, kann etwas weiter heruntergebrannt werden. Die Stärke des Mittellaufes liegt bei 60 bis 70 %vol. Alkohol.

Ab einem Alkoholgehalt von 42 %vol. im Mittellauf steigt der Fuselölanteil stark an.

Für die Destillatqualität ist es äußerst schlecht, wenn Abfindungsbrenner den Mittellauf so lange laufen lassen, bis der gesamte Mittellauf eine Trinkstärke von ca. 50 %vol. Alkohol erreicht hat. Dann befindet sich bereits zuviel Nachlauf mit Fuselölen und anderen unerwünschten Stoffen im Mittellauf, so daß das Destillat qualitativ minderwertig ist.

Der Mittellauf beträgt ca. 30% der Kesselfüllung.

Spitzenbrände
In den letzten Jahren sind die Ansprüche an die Schnapsqualität stark gestiegen. Will jemand Spitzenbrände erzeugen, so soll auch bei Verwendung bester Rohstoffe und einwandfreier Vergärung schon ab 55 %vol. eine Qualitätsüberprüfung des Mittellaufes erfolgen. Sobald Nachlaufprodukte bemerkt werden, sollte man sofort auf Nachlauf umschalten. Günstig ist es, wenn man ab 55 %vol. das Destillat halbliter- oder literweise auffängt und dann verkostet.

3. Nachlauf
Hier wird alles gesammelt, was ab 55 bis 45 %vol. abläuft und nicht mehr qualitativ entspricht. Nun kann man etwas rascher abbrennen. Der Nachlauf läuft, bis das Destillat 4 bis 5 %vol. anzeigt. Der Kesselinhalt enthält dann fast keinen Alkohol mehr (0,1 bis 0,2 %vol.). Im Nachlauf befindet sich nun vermehrt Fuselöl mit unangenehmen Geruchs- und Geschmacksstoffen. Jeder Schnapsbrenner soll durch fallweises Verkosten den Qualitätsabfall im Nachlauf selbst feststellen, damit er auch von der minderen Qualität überzeugt ist.

Bei schlechter Maischequalität muß man bereits bei 10 bis 8 %vol. aufhören.

Verwendung des Nachlaufes
Er fällt ungefähr in der gleichen Menge (25–30%) wie der Mittellauf an. Sein Alkoholgehalt beträgt um die 20 %vol. Es gibt nun verschiedene Möglichkeiten:

Kompaktes Brenngerät aus Kupfer mit Nirostakühler

a) Der Nachlauf wird dem Rauhwasser des nächsten Feinbrandes zugegeben. Dies hat zur Folge, daß sich die höheren Alkohole und andere Stoffe stark anreichern und immer mehr im Mittellauf aufscheinen. Die Destillatqualität wird dadurch schlechter. Weniger einzuwenden ist gegen diese Methode, wenn nach einigen Bränden der Nachlauf ausgeschieden wird. So verhindert man eine zu große Anreicherung an höheren Alkoholen.

b) Man sammelt den Nachlauf und brennt ihn gesondert. Die Vorlaufabtrennung erfolgt durch Verkosten. Den Mittellauf muß man um 5 %vol. früher beenden als beim Feinbrand (siehe Punkt c); den Nachlauf ausscheiden.

c) Bei aromareichen Früchten (z. B. bei der Williams-Christ-Birne) befinden sich im Vorlauf oft noch viele Aromastoffe. In diesem Fall werden Vor- und Nachlauf gesammelt und gemeinsam abgetrieben. Wieder langsam anheizen, damit eine gute Vorlaufabtrennung möglich ist. Den Mittellauf sollte man um 5 Alkoholprozent früher beenden als beim Feinbrand, von dem Vorlauf und Nachlauf stammen. Wenn man beim Feinbrand bei 50 %vol. auf Nachlauf geschaltet hat, dann wird jetzt bei 55 %vol. umgeschaltet. Zur Kontrolle muß man auch wieder rechtzeitig Verkostungen durchführen und den Nachlauf ausscheiden.

Wenn bei Punkt b) und c) die Qualität des Mittellaufes den Anforderungen entspricht, wird er dem Mittellauf des Feinbrandes zugesetzt. Die aus Nachläufen gewonnenen Mittelläufe können gut zu Wacholderbrand verarbeitet werden (siehe Wacholder Seite 131).

Man soll aber nie schlechte Qualitäten mit guten vermischen. Die gute Qualität verliert nämlich wesentlich mehr als die schlechte gewinnt.

Sollte der Nachlauf einmal sehr schlecht sein, kann man eine Kohlebehandlung durchführen (siehe unter „Branntweinfehler", Seite 109). Der letzte Nachlauf jeder Maischeart wird bis zum nächsten Brennjahr aufbewahrt.

Lagerung des Mittellaufes

Vor dem Einstellen der Trinkstärke soll der Mittellauf mindestens 6 bis 8 Wochen (eine längere Lagerung ist natürlich besser) bei Zimmertemperatur gelagert werden. Zur Reifung ist neben Wärme auch etwas Sauerstoff notwendig. Daher sollten die Lagergefäße nur zu drei Vierteln gefüllt und nicht dicht verschlossen werden (Kork oder Verschluß nur locker aufsetzen, in den Kork eine Kerbe schneiden).

Bei der Lagerung verbindet sich auch etwas Acetaldehyd (Vorlaufprodukt) mit Ethylalkohol zu Acetal, einer angenehm riechenden Substanz. Es können auch etwas höhere Alkohole zu aromatischen Substanzen umgewandelt werden. Das heißt aber nicht, daß man weniger Vor- und Nachlauf abtrennen soll, denn es werden nur geringe Mengen in gute Aromastoffe umgewandelt.

Weiters verliert der Mittellauf den etwas rauhen und unharmonischen Geschmack. Er wird milder, abgerundeter und geschmacklich besser. Bei zu warmer Lagerung und offenen Gefäßen kommt es zu größeren Alkoholverlusten. Rasch aufeinanderfolgende Temperaturschwankungen sind nicht günstig. Der Lagerraum soll dunkel sein.

Ausnahme: Der Mittellauf der Williams-Christ-Birne soll nur kurzfristig (3 bis 4 Wochen) bei wenig Luftberührung gelagert werden, da er sonst zu rasch sein Bukett verliert.

Der Alterungsverlauf ist nicht vorhersehbar. Er verläuft je nach Destillat und Lagerbedingung verschieden schnell. Eigene Erfahrungen sind daher wichtig.

Diese Reifungsvorgänge, die zu einer wesentlichen Verbesserung des Destillates führen, vollziehen sich sehr langsam und setzen sich auch in verdünnten Destillaten in der Flasche fort. Spitzenbrände (der Williamsbrand ausgenommen) sollen 2 bis 3 Jahre Zeit zum Reifen haben.

Versuche mit künstlichen Reifungsmitteln haben bis jetzt alle versagt.

Destillatlager – Glasballons

Lagergefäße

Die Lagergefäße für Obstbrände müssen alkoholbeständig und geschmacklich neutral sein.

Lagertanks aus Edelstahl

Die Lagerung in Holzfässern ist im allgemeinen nicht üblich. Ein Holzfaß (Eichenholz, Zwetschkenholz) kann für Spezialprodukte verwendet werden. Das Destillat nimmt Stoffe aus dem Holz auf und bekommt eine spezielle Note.

a) Glasballons in verschiedenen Größen – 20, 30, 50 Liter usw.
   Glas ist gegenüber Alkohol und Geschmacksbeeinflussungen vollkommen neutral. Wegen der verschiedenen Größen sind sie besonders für kleinere Destillatmengen gut geeignet. Der einzige Nachteil ist die Bruchgefahr.

b) Glasierte Steingutgefäße sind sehr gut geeignet.

c) Edelstahltanks – sie sind auch geschmacksneutral und alkoholbeständig.

d) Gewisse Kunststoffässer, die von der Erzeugerfirma ausdrücklich für die Destillatlagerung als geeignet bezeichnet werden. Es muß die für die Behälter verträgliche Alkoholkonzentration garantiert werden.

10. Destillatfehler

Die meisten Fehler haben folgende Ursachen:

a) schlechte Rohstoffauswahl (unreif, faul, schimmelig, schmutzig)
b) Fehlerhafte Maischebereitung
c) ungeeignete Gärgefäße und schlechte Gärführung
d) Fehler beim Brennen selbst

Bei ordentlicher Arbeitsweise lassen sich die meisten Fehler von vornherein ausschalten. Sollten einmal fehlerhafte Maischen auftreten, sind diese gesondert abzubrennen und nicht mit guter Maische zu vermischen.

10.1 Essigstich

Bei schlechter Vergärung mit Luftzutritt oder langer Lagerung der Maische kann sich Essigsäure bilden. Es wird dadurch der Alkohol vermindert, und das Destillat hat einen sauren Geschmack.

Die Essigsäure kann mit reinem kohlensaurem Kalk (Calciumcarbonat, in Drogerien erhältlich) gebunden werden. Man gibt davon 200 g in 100 l Destillat oder Rauhwasser; das Rauhwasser wird dann normal abgebrannt. Beim Destillat wartet man einige Tage, bis sich der überschüssige Kalk abgesetzt hat. Dann zieht man das geklärte Destillat vom weißen Bodensatz ab und filtriert es.

Mehr Kalk ab 200 g pro 100 l soll nicht verwendet werden, da dann der Geschmack leiden kann. Sollte es sich um einen starken Essigstich handeln, bei dem man mit 200 g Kalk pro 100 l nicht auskommt, sollte man den Säuregehalt vorher bestimmen lassen. Die Entsäuerung müßte hier im Rauhwasser erfolgen.

10.2 Geschmacksfehler

Hat das Destillat einen Geschmacksfehler, kann eine Kohlebehandlung durchgeführt werden. Es ist besser, diese Behandlung bereits beim Rauhwasser zu machen; sie ist aber auch beim fertigen Brand möglich. Man verwendet Entschmackungs- oder Aktivkohle in einer Menge von 50 bis 100 g/hl. Man mischt die Kohle in einer kleinen Menge Flüssigkeit (Destillat oder Rauhwasser) gut durch, setzt sie der Restmenge zu und verrührt das Ganze. Die Kohle setzt sich nach kurzer Zeit ab, man kann also bald kosten, ob die Kohlemenge ausreichend war oder ob sie überhaupt geholfen hat. Wenn nicht, wird weitere Kohle dazugegeben. Man soll aber nicht mehr nehmen, als unbedingt notwendig ist, da auch die guten Aromastoffe gebunden werden. Man rührt nun öfters am Tag um, und nach spätestens zwei Tagen wird das Destillat oder das Rauhwasser von der abgesetzten Kohle abgezogen. Das Destillat wird bei Bedarf nachfiltriert, und das Rauhwasser wird gebrannt. Die Kohle darf nicht mitgebrannt werden, da sonst die schlechten Geschmacksstoffe wieder mit dem Alkoholdampf übergehen.

Die Kohlebehandlung ist bei Destillaten unter 50 %vol. Alkohol wirksamer.

10.3 Acroleinstich

Dieser Fehler ist in letzter Zeit häufiger zu beobachten. Verschiedene Bakterienarten können aus dem Glycerin, welches sich in der Maische bildet, das außerordentlich stark riechende Acrolein bilden. Es hat fast eine Wirkung wie Tränengas. Sein Siedepunkt beträgt 44° C, und es geht beim Brennen sofort in Dampfform über. Das Destillat ist ungenießbar (scharf brennender Geschmack). Im Verlauf des Brennens werden Nase und Schleimhäute so stark gereizt, daß das Brennen oft unterbrochen werden muß.

Die Bakterieninfektion ist auf unsauberes, mit Erde verschmutztes Rohmaterial zurückzuführen. Dabei kommen auch noch andere Mikroorganismen in die Maische, welche zusätzlich qualitätsmindernde Stoffe bilden. Vor dem Brennen ist der Acroleinstich meistens nicht erkennbar, erst beim Erhitzen wird es freigesetzt und bemerkt.

Durch das Aufrühren kann eine Übertragung von Faß zu Faß möglich sein. Nie acroleinstichige Maischen mit gesunden mischen, denn dann ist auch die gesunde Maische verdorben.

Behebung des Fehlers

Lagerung durch mehrere Monate in einem offenen Gefäß mit gutem Luftzutritt; öfteres Umrühren ist günstig. Sehr starke Acroleinfehler sind nicht mehr zu beheben, der Brand bleibt ungenießbar.

Das beste Mittel, um die meisten Fehler zu vermeiden, ist ein reines und sauberes Arbeiten, beginnend bei der Rohstoffauswahl bis zum Brennen selbst. Jeder Fehler beeinträchtigt stark die Qualität, die trotz entsprechender Behandlung nicht wiederhergestellt werden kann.

Für den Haus- und Abfindungsbrenner ist es meistens sehr schwierig, viele Fehler zu erkennen und zu beheben. Sollte aber etwas passiert sein, sollte man sich bei einem guten Praktiker, einer Landwirtschafts- oder Weinbauschule Rat holen.

11. Die Alkoholbestimmung

Eine Alkoholbestimmung ist für den Abfindungsbrenner genauso wichtig wie für den Verschlußbrenner. Für einwandfreies Brennen muß immer wieder der Alkoholgehalt festgestellt werden. Eine besonders genaue Messung ist zur Einstellung der Trinkstärke notwendig, denn die %vol. Angabe darf nur um 6 0,3 %vol. abweichen.

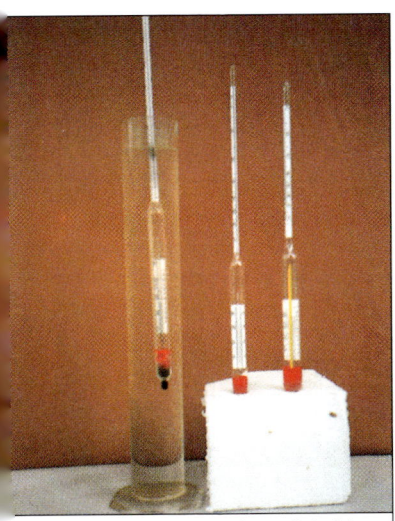

Alkoholbestimmung, lange Spindel für genaue Ablesung notwendig. Bei der Ablesung muß das Alkoholometer frei schweben

Der Alkoholgehalt kann auf zwei Arten angegeben werden:

a) **in Massengehalt = % mas** (früher Gewichtsprozent = Gew. %), d. h., es wird angegeben, wieviel kg Alkohol sich in 100 kg Destillat befinden. Wenn also bei einem Destillat 50% mas Alkohol angegeben sind, so heißt das, daß 50 kg Alkohol in 100 kg Destillat enthalten sind. Die Angabe in Massengehalt ist aber bei Destillaten nicht üblich.

b) **in Volumenkonzentration = %vol.** (früher Volumprozent = Vol.%), d. h., wieviel Liter Alkohol sich in 100 l Destillat befinden. Wenn bei einem Destillat 50%vol. Alkohol angegeben sind, so heißt das, daß sich 50 l reiner Alkohol in 100 l Destillat befinden.

Da 1 l Alkohol-Wasser-Mischung (AWM) weniger als 1 kg wiegt, kommt es zu größeren Unterschieden.

Beispiel

Ein Destillat mit 51,9 %vol. hat 44,3 % mas Alkohol. Rein optisch ist die Angabe in Volumenprozent günstiger, daher wird bei allen alkoholischen Getränken der Alkoholgehalt in Volumenprozent angegeben.

Der Alkoholgehalt in extraktfreien Destillaten, wie sie beim Brennen anfallen, kann sehr einfach mit einem Volumenprozent-Alkoholometer bestimmt werden. Als Meßtemperatur ist einheitlich 20° C festgelegt. Bei einer Destillattemperatur unter 20° C wird ein zu geringer Alkoholgehalt und bei einer Temperatur über 20° C ein zu hoher Alkoholgehalt angezeigt. Entweder stellt man das Destillat in einen warmen Raum; wenn es eine Temperatur von 20° C hat, kann der Alkoholgehalt genau abgelesen werden. Hat das Destillat nicht 20° C, so kann nur der scheinbare Alkoholgehalt abgelesen werden. In der Korrekturtabelle zur Ermittlung des Alkoholgehaltes (Volumenkonzentration) bei 20° C kann der wahre Alkoholgehalt abgelesen werden (Seite 140).

Beispiel
Ablesung (scheinbarer Alkoholgehalt) 42,0 %vol.
Meßtemperatur 12° C
Alkoholgehalt bei 20° C 45,1 %vol.

Es gibt auch Alkoholometer, deren eingebaute Thermometer mit einer Temperaturkorrekturskala versehen sind. Zu jeder Temperatur wird ein Korrekturwert angegeben, welcher je nach Temperatur zugezählt oder abgezogen werden muß. Für eine genaue Messung von Alkoholkonzentrationen sind sie aber zu ungenau.

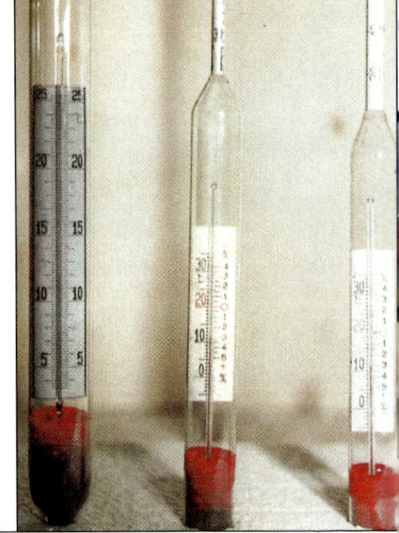

Links – Alkoholometer mit Thermometer; Mitte und rechts – mit Thermometer und Alkohol-%-Korrekturskala für abweichende Meßtemperaturen

Bei einer Temperaturschwankung von 2,5° C ist die Abweichung +/– ca. 1 % vol. Alkohol.

11.1 Alkoholometerkauf

Seit dem 1. Jänner 1980 sind in der Europäischen Gemeinschaft (EU) Rechtsvorschriften verbindlich, nach denen für den amtlichen Verkehr mit Spirituosen nur noch amtlich geeichte Volumenprozent-Alkoholometer verwendet werden dürfen. Die Meßtemperatur ist mit 20° C festgelegt.

Die „EG-Alkoholometer nach %vol." dürfen einen Meßbereich von höchstens 10 %vol. Alkohol aufweisen, z. B. 40–50 %vol., 50–60 %vol. Die Teilung beträgt 0,1 %vol. Alkohol. Der Abstand der einzelnen Skalenteilstriche ist so groß, daß auf 0,1 %vol. genau abgelesen werden kann. Alle Spindeln haben ein eingebautes Thermometer, dies ist für die Temperaturkorrektur wichtig.

Ein „EG-Alkoholometer" hat an der Spindel folgende 9 Angaben:

1. Alkoholometer für Volumenkonzentration
2. DIN 12803
3. %vol.
4. Ethanol
5. 20° C
6. Klasse I, II oder III (3 verschiedenen Genauigkeitsansprüche)
7. Hersteller bzw. Herstellerzeichen
8. Gerätenummer
9. Σ (der griechischen Buchstabe „Epsilon" ist das Zeichen für die EU-Bauartenzulassung und weist das Instrument als ein in der EU zugelassen aus)

Geeichte Alkoholometer haben ein kleines **e** als Eichzeichnung eingeätzt. Weiters müssen das Eichjahr und das Nationalitätenkennzeichen des Staates, in dem die Ersteichung erfolgte, ersichtlich sein.

Für Abfindungsbrenner sind diese EU-Alkoholometer nicht zwingend vorgeschrieben, sie brauchen aber ein eichfähiges oder geeichtes Alkoholometer für einen Meßbereich von 40–50 %vol. (ev. auch 30–40 %vol.), eine Ablesegenauigkeit von 0,1 %vol. und ein eingebautes Thermometer.

Der Alkoholgehalt im verkaufsfertigen Brand muß auf +/– 0,3 %vol. stimmen, und dazu ist ein entsprechendes Alkoholometer notwendig.

Alte Alkoholometer mit einer Eichtemperatur von 15,56° C sollen nicht mehr verwendet werden.

Für alkoholschwache Flüssigkeiten (Nachläufe, Lutter) gibt es Lutterprober mit einem Meßbereich von 0–10 %vol.

Alkoholbestimmung mittels Ebullioskop nach Malligand

In vergorenen Flüssigkeiten wie Most und Wein, kann der Alkoholgehalt nicht mit einem Alkoholometer gemessen werden. Er kann aber mit einem einfachen Gerät, dem Ebullioskop nach Malligand, bestimmt werden. Das Prinzip dieser Methode beruht darauf, daß mit steigendem Alkoholgehalt der Flüssigkeit der Siedepunkt sinkt. An der Thermometerskala sind daher keine Temperaturgrade sondern Alkoholprozente angegeben. Es gibt nämlich zu jeder Alkoholkonzentration einen bestimmten Siedepunkt.

Der Vorteil dieser Methode sind der geringe Zeitaufwand und die kleine Probenmenge (ca. 40 ml). Eine genaue Arbeitsanleitung liegt jedem Gerät bei.

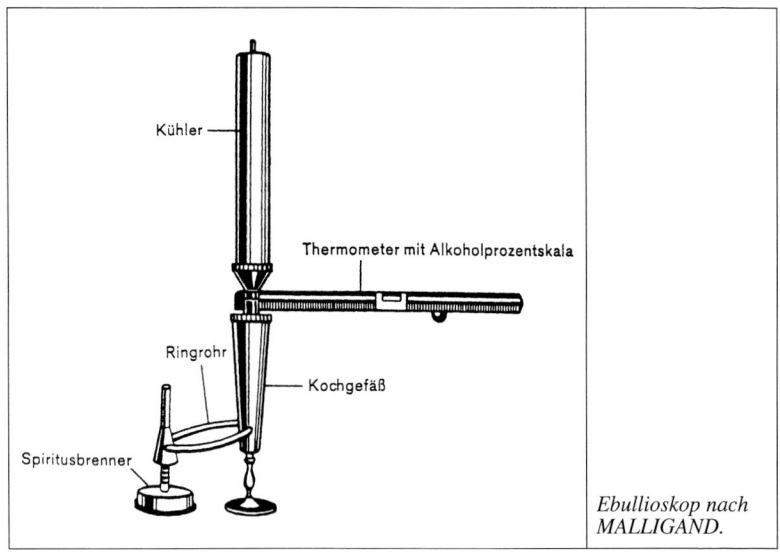

Kühler

Thermometer mit Alkoholprozentskala

Ringrohr

Kochgefäß

Spiritusbrenner

Ebullioskop nach MALLIGAND.

Will man den Alkoholgehalt einer Maische bestimmen, so ist etwas Saft abzufiltrieren und der Alkoholgehalt des Maischefiltrates zu bestimmen. Die abgelesenen %vol. Alkohol sind dann mit dem entsprechenden Tresterfaktor (siehe Seite 31) zu multiplizieren. Es ergibt dann die mutmaßliche Alkoholausbeute (inkl. Vor- und Nachlauf).

Die Formel dazu lautet:
IA / 100 l Maische = % vol A x T (A = Alkohol, T = Tresterfaktor)

Beispiel für Apfelmaische:
Am Ebullioskop abgelesen: 5,2% A
Tresterfaktor: 0,93 (Mittelwert)

IA / 100 l Apfelmaische = 5,2 %vol. x 0,93 = 4,8, d. h. der Gesamtalkoholgehalt beträgt 4,8 l in 100 l Apfelmaische (Vor-, Mittel- und Nachlauf)
Die Meßgenauigkeit ist für die Praxis genügend. Bei steigendem Extraktgehalt (Zucker, Mineralstoffe usw.) werden die Meßwerte ungenauer. In diesem Fall ist die Probe mit Wasser im Verhältnis 1:1 zu verdünnen. Dasselbe gilt auch bei Flüssigkeiten mit einem Alkoholgehalt über 20 %vol. Das Ergebnis ist dann jeweils mit 2 zu multiplizieren.

11.2 Meßvorgang mit Alkoholometer

Man braucht einen entsprechend großen Meßzylinder, dessen Höhe sich nach der Länge des Alkoholometers richtet. Für ein EU-Alkoholometer mit höchstens 10 %vol. Meßbereich beträgt die Zylinderhöhe 350 mm und der Durchmesser 33–34 mm für ca. 200 ml Meßflüssigkeit. Das Alkoholometer muß sich frei bewegen können. Besonders wichtig ist, daß Alkoholometer und Meßzylinder vollkommen sauber (besonders fettfrei) und trocken sind. Das Destillat langsam in den schräggehaltenen Zylinder einfüllen, damit sich keine Luftblasen bilden, welche die Messung verfälschen. Das Alkoholometer ganz oben halten und langsam in das Destillat gleiten lassen, bis die Spindel frei schwimmt. Das Ende der Spindel muß mindestens 2 cm vom Boden des Meßzylinders entfernt sein. Bei zu raschem Einführen kann das Alkoholometer beim Zylinderboden anstoßen und beschädigt werden.

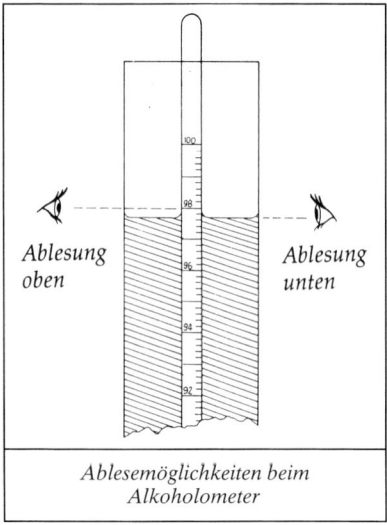

Ablesung oben

Ablesung unten

Ablesemöglichkeiten beim Alkoholometer

Es sei nochmals darauf hingewiesen, daß nur extraktfreie Destillate so gemessen werden können. Die reinen Destillate sind Alkohol-Wasser-Mischungen, und für diese sind die Alkoholometer gebaut. Die geringen Mengen anderer Stoffe, wie höhere Alkohole, flüchtige Säuren, Aromastoffe usw., die im Destillat vorkommen, verfälschen das Meßergebnis nicht. Befinden sich im Destillat Zucker oder andere Extraktstoffe (bei Likören), so ist eine Alkoholbestimmung mit einem Alkoholometer nicht möglich.

Falls am Alkoholometer nichts angegeben ist, gilt „Ablesung unten". Falls die Ablesung oben zu erfolgen hat, muß dies am Alkoholometer angeschrieben sein. Die Bezeichnung oben oder unten bedeutet, ob der aufsteigende Flüssigkeitsrand bei der Ablesung einbezogen wird oder nicht.

11.3 Alkoholausbeute

Für jeden Schnapsbrenner ist es interessant und wichtig, wieviel Alkohol er aus 100 l Maische brennen kann. Dies läßt sich sehr einfach berechnen. Man braucht dazu folgende Werte:

a) Den Alkoholgehalt des Destillats bei 20° C = A
b) Die Destillatmenge = B
c) Die Maischemenge in Liter, die gebrannt wurde (laut Anmeldung beim Zollamt oder durch eigene Wägung) = M

Die Alkoholausbeute pro 100 l Maische $= \dfrac{A \times B}{M}$

Eichtemperatur Alkoholometer 20° C

Beispiel

76 l Destillat mit 48 %vol. Alkohol bei 20° C aus 1400 kg Maische.

$$\text{Ausbeute} = \frac{A \times B}{M} = \frac{76 \times 48}{1400} = 2{,}60 \text{ l reiner Alkohol/100 l Maische}$$

Wenn Destillate von verschiedener Stärke vorliegen, rechnet man für jede Stärke das A x B (%vol. x Menge) aus, zählt alles zusammen und dividiert durch die Maischemenge.

$$\text{Ausbeute} = \frac{A_1 \times B_1 + A_2 \times B_2 + A_3 \times B_3}{\text{Gesamt M (Maischemenge)}}$$

Für eine genaue Ausbeuteberechnung soll das Obst vor dem Einmaischen gewogen werden. Der Obstpreis wird in Kilogramm und die Maische später in Liter berechnet. Beim Kernobst ergeben 100 kg etwa 100 Liter Maische, bei anderen Obstarten braucht man für 100 Liter Maische 105 bis 110 kg Obst.

12. Einstellen der Trinkstärke

Der Mittellauf hat im allgemeinen einen Alkoholgehalt von 60 bis 70 %vol. Dieser Alkoholgehalt muß nun auf Trinkstärke herabgesetzt werden. Wie stark jemand seinen Brand haben möchte, bleibt ihm selbst überlassen. Besonders zu empfehlen ist aber ein Alkoholgehalt von 42 bis 45 %vol. Bei dieser Stärke ist der brennende Geschmack nicht mehr so stark, und das Aroma kommt noch gut zur Geltung. Man muß aber beachten, daß die Gefahr von Trübungen mit sinkendem Alkoholgehalt zunimmt. Besonders unter 45 %vol. ist die Wahrscheinlichkeit einer Trübung sehr groß. Trübungen sollten möglichst vermieden werden, da sie meistens mit einer Qualitätsminderung des Branntweines verbunden sind. Mit den Trubstoffen werden nämlich auch Geschmacksstoffe ausgeschieden. Wer keine Möglichkeit zum Klären (Filtrieren) hat, soll durch Vorversuche mit einer kleinen Menge feststellen, ab welchem Alkoholgehalt das Destillat trüb wird. Man muß die Probe zwei bis drei Tage an einem kühlen Ort stehenlassen, damit sich alle Stoffe ausscheiden können und Nachtrübungen vermieden werden.

Spezialbrände wie Enzian, Vogelbeer, Meisterwurz und andere stellt man höchstens auf 45 %vol. ein. Allgemein kann gesagt werden, daß in Zukunft eher ein geringerer Alkoholgehalt gewünscht wird. Gesetzlich muß der Alkoholgehalt für Edelbrände mindestens 38 %vol. betragen.

12.1 Wasserqualität

Das verwendete Wasser muß frei von Härtebildnern (Calcium und Magnesium) sein. Diese Stoffe werden in einer Alkohollösung unlöslich und verursachen eine Trübung. Wasser aus Urgestein ist meistens frei von Härtebildnern und kann verwendet werden.

Wenn jemand aus Erfahrung weiß, daß sein Leitungswasser keine Trübungen hervorruft und das Destillat auch nicht geschmacklich beeinflußt, kann er dieses Wasser ruhig verwenden.

Das Verschnittwasser muß geschmacksneutral sein. Wasser bis zu 5° dH (deutsche Härtegrade) kann im allgemeinen verwendet werden.

Für härteres Wasser gibt es folgende Möglichkeiten:

a) Man destilliert die notwendige Wassermenge mit dem Brennkessel, statt Maische wird Wasser gefüllt. Das destillierte Wasser ist vollkommen frei von Salzen, schmeckt daher sehr fad und riecht bald muffig.

Wasserenthärter (bindet Calcium und Magnesium)

b) Die Wasserenthärtung mit einem Wasserenthärter (Kationenaustauscher), der die unerwünschten Calcium- und Magnesiumsalze bindet. Die Natriumsalze, die zu keiner Trübung führen, bleiben im Wasser enthalten. Es ist geschmacklich besser als destilliertes Wasser. Auf dem Markt sind bereits günstige Kleingeräte erhältlich.

c) Es besteht auch die Möglichkeit, enthärtetes Wasser zu kaufen (Lagerhaus, Drogerie).

12.2 Berechnung der Wassermenge

Die genaue Berechnung der notwendigen Wassermenge ist nicht ganz einfach, da bei einem Alkohol-Wasser-Gemisch eine Volumsverminderung (Kontraktion) erfolgt. Es gibt zwei Möglichkeiten der Berechnung:

a) Ungefähre Mengenbestimmung durch Ausrechnen. Nach Zugabe der ermittelten Wassermenge wird der Alkoholgehalt bestimmt, durch kleinere Wasserzugaben kann der Alkoholgehalt korrigiert werden. Wichtig ist eine genaue Ermittlung der Destillatsmenge und des Alkoholgehaltes (Temperatur berücksichtigen).

Berechnungsbeispiel

Zuerst rechnet man die vorhandenen Alkoholprozente bei 20° C aus. 70 l Mittellauf mit 65 %vol. Alkohol ergeben zum Beispiel 4550 Alkoholprozente (70 x 65). Nun legt man die gewünschte Stärke fest – z. B.: 45 %vol. Jetzt kann man die Gesamtmenge ausrechnen, die man aus den 4550 Alkoholprozenten erhält.

Gesamtmenge $= \dfrac{4450}{45} = 101$ l Brand mit 45 %vol.

Notwendige Wassermenge = gesamte Destillatsmenge weniger vorhandenem Mittellauf.
In unserem Fall also: 101 l – 70 l = 31 l

Es ist ein Wasserzusatz von 31 l notwendig. In Wirklichkeit braucht man aber wegen der Volumsverminderung etwas mehr Wasser, was aber, wie bereits angegeben, später korrigiert werden kann.

b) Man verwendet eine Mischungstabelle (Seite 142) zur Ermittlung des notwendigen Wasserzusatzes. Ein Berechnungsbeispiel ist bei der Tabelle angegeben.
   In der Tabelle finden Sie die notwendige Wassermenge pro 100 l zu verdünnenden Mittellaufes. Will man weniger Liter einstellen, so teilt man die in der Tabelle gefundene Wassermenge durch 100 und multipliziert mit der zu verdünnenden Branntweinmenge.

Beispiel
70 l Mittellauf mit 65 %vol. soll auf 45 %vol. eingestellt werden. Laut Tabelle (Seite 142) benötigt man für 100 l 70%igen Mittellauf = 46,1 Liter Wasser.

Daraus rechnet man für 70 l:

$$\frac{70 \times 46{,}1}{100} = \frac{3227}{100} = 32{,}27 \text{ l Wasser}$$

Für diese 70 l Mittellauf benötigt man also 32,27 l Wasser.

Unter Berücksichtigung der Volumsverminderung benötigt man also 1,27 l Wasser mehr als beim oberen Beispiel berechnet (31 l Wasser).

12.3 Wasserzusatz

Geht man beim Wasserzusatz falsch vor, so kann es leicht zu Trübungen kommen. Daher ist folgendes zu beachten:

Richtiger Wasserzusatz (Wasser zu Destillat)

a) Wasser und Destillat müssen beim Mischen die gleiche Temperatur haben. Das erreicht man am besten, wenn man beide einige Tage im gleichen Raum lagert.

b) Es wird immer das Wasser zum Destillat geschüttet und nicht umgekehrt. Das Wasser ist in einem feinen Strahl unter ständigem Umrühren in das Destillat zu gießen.

Wasser und Destillat vermischen sich nicht rasch. Bei zu rascher Wasserzugabe entsteht kurzfristig an der Berührungsstelle Wasser/Destillat eine Alkoholunterkonzentration, die zu Trübungen führen kann.

Ein erfahrener Schnapsbrenner geht beim Wasserzusatz folgendermaßen vor: Er gibt zum Destillat Wasser – wie oben beschrieben – dazu, bis ein Alkoholgehalt von ca. 55 %vol. erreicht ist. Den restlichen Wasseranteil dosiert er nun tropfenweise, indem er an einem Gefäß eine Tropfvorrichtung hat (Hahn). Durch diese langsame und schonende Wasserzufuhr hat er bis 43 %vol. fast nie eine

Trübung. Er erspart sich die Filtration und, was besonders wichtig ist, es gehen keine Aromastoffe mit den Trübstoffen verloren.

Tropfenweise Wasserzugabe zur Einstellung der Trinkstärke

Nach guter Vermischung wird der Alkoholgehalt kontrolliert und eventuell korrigiert. Es empfiehlt sich, nicht gleich die ganze berechnete Wassermenge zuzugeben. Dies ist dann besonders wichtig, wenn der Alkoholgehalt und die Menge nicht ganz exakt bestimmt wurden, so kann der Alkoholgehalt nach einer Kontrolle genauer eingestellt werden.

13. Das Klären oder Filtrieren

Bei Verdünnungen unter 45 %vol. Alkohol treten oft Trübungen auf. Es scheiden sich Stoffe aus, die nur bei hoher Alkoholkonzentration löslich sind. Durch einfaches Filtrieren lassen sie sich entfernen.

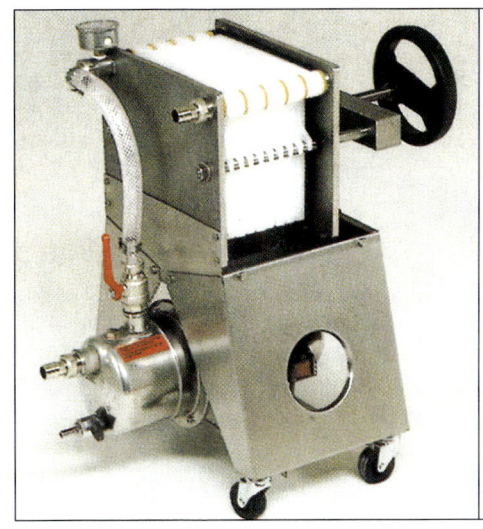

Schichtenfilter mit angebauter Pumpe in Edelstahl für größere Destillatmengen (auch für Saft- und Mostfiltration geeignet)

Fallweise wird empfohlen, das Destillat nach Einstellung der Trinkstärke einige Tage bei Minusgraden (– 5° C bis –7° C) zu lagern, um spätere Trübungen zu vermeiden. Die Trinktemperatur eines Obstbrandes liegt bei 15 bis 18° C.
Einen Obstbrand in den Kühlschrank zu stellen, ist ein Unfug, da sein Aroma bei Kälte nicht zur Geltung kommt. Daher ist eine zu starke Abkühlung vor der Filtration nicht notwendig. Eine starke Trübung kann auch zu Aromaverlusten führen.
Nach Erfahrungen des Autors genügt bei Obstbränden eine Lagerung bei ca. 0° C 1 bis 2 Wochen hindurch.
Es gibt verschiedene Filtrationsmöglichkeiten, die sich nach der Menge richten; zusätzlich ist es auch eine Preisfrage.

Filter mit Filterkerze (Type Zeta-Plus)
Mitte – Filter mit Filterkerze für Destillate
Rechts – Filterkerze für Säfte
Links – Filterkerze zur Wasserenthärtung
(Ionenaustauscher, regenerierbar)

a) Schichtenfilter

Die neuen Schichtenfilter sind aus Edelstahl. Die Filterplatten sind weiterhin aus Kunststoff, der Alkohol gegenüber vollkommen neutral ist.

Filterschichten gibt es mit verschiedenen Porengrößen, so daß auch feinste Trübungen entfernt werden können. Zum Schichtenfilter ist eine passende Pumpe notwendig. Die Anschaffung ist relativ teuer und rentiert sich nur bei einer größeren Destillatmenge oder wenn man auch Saft, Most, Wein usw. zu filtrieren hat. Günstig wäre, einen Schichtenfilter auszuleihen oder wenn sich mehrere Brenner gemeinsam einen kaufen würden. Der Arbeitsvorgang erfolgt laut Gebrauchsanleitung, die man zusammen mit dem Filter bekommt.

b) Filter mit Filterkerze (Type Zeta-Plus)

Dies ist ein kleines handliches Gerät, das preislich erschwinglich und für kleine und größere Mengen gut geeignet ist. Der Filter wird in rostfreiem Stahl und in Kunststoff gebaut, die Filterung erfolgt durch ein asbestfreies Filtermaterial. In einer Stunde können 100 bis 200 l Destillat filtriert werden. Das Gerät arbeitet ohne Pumpe, es ist nur eine Höhendifferenz zwischen Zu- und Abfluß von 1 bis

3 Metern notwendig. Nach dem Gebrauch wird der Filter ausgewaschen und nach dem Trocknen bis zur nächsten Filtration aufbewahrt.

Die Filterkerze ist mit Porengrößen von 5,0/1,0 und 0,45 Mikrometern erhältlich. Nach 2000–2500 Litern Filterleistung ist die Kerze erschöpft und muß ausgewechselt werden.

Zur Bereitung von Verschnittwasser gibt es für diesen Filter einen Einsatz zur Wasserenthärtung (Kationenaustauscher).

Vinamat-Filter – für kleinere Mengen sehr gut geeignet

Trichterfilter

c) Vinamat-Filter

Er ist ein Kleinfilter mit zwei Filterschichten und einem 5-Liter-Gefäß mit Pumpe und ist für kleinere Destillatmengen sehr gut geeignet.

d) Trichterfilter

Er ist für kleine Mengen geeignet. Entsprechende Faltenfilter werden in einen Trichter eingelegt.

e) Flaschenfüllung (mit gleichzeitger Filtration)

Es gibt dafür einen einfachen Vakuumfüller mit dem eine rasche und schonende Flaschenfüllung mit gleichbleibender Füllhöhe möglich ist.

Dem Vakuumfüller kann ein Tandem-Kerzenfilter vorgeschaltet werden. Durch das Vakuum wird das Destillat durch den Kerzenfilter gesaugt, und der Filter wird am Schluß vollkommen entleert. Man kann nun sofort in Flaschen oder in einen Glasballon abfüllen. Zum Füllen von Glasballons braucht man ein eigenes Zubehör. Diese Kerzenfilter gibt es mit Porengrößen von 5 / 1 / 0,5 / 0,25 Mikrometern (1 Mikrometer = $^1/_{1000}$ Millimeter). Für feine Trübungen ist eine Porengröße von 0,5 Mikrometer notwendig, sonst genügt eine Porengröße von 1 Mikrometer.

Lagerung trinkfertiger Destillate

Nach der Einstellung der Trinkstärke soll der Brand vor dem Verkauf mindestens einige Wochen dunkel und warm lagern. Alkohol und Wasser müssen sich

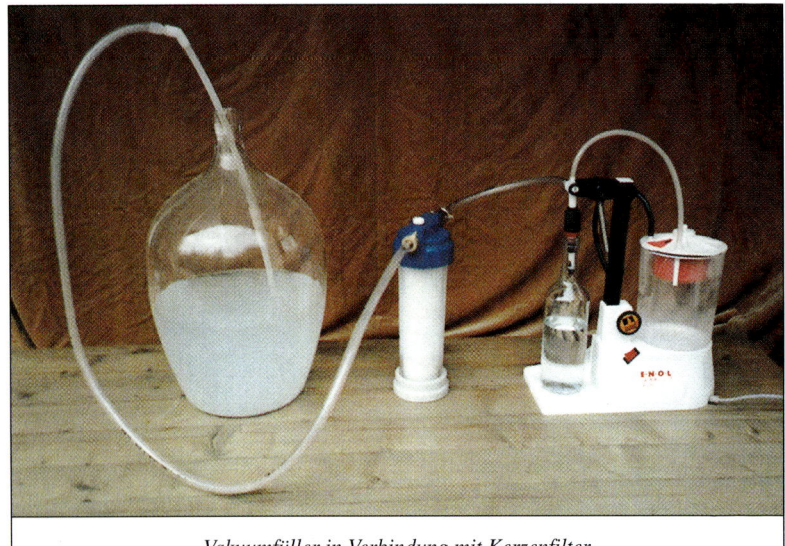

Vakuumfüller in Verbindung mit Kerzenfilter

erst richtig „verbeißen". Ein gut gelagerter Brand soll mild und harmonisch schmecken. Scharfe und stark in Mund und Hals brennende Destillate sind kein Qualitätsmerkmal. Der fertig eingestellte Brand kann in Flaschen oder in größeren Behältern gelagert werden.

Beim Füllen der Lagerbehälter ist darauf zu achten, daß sich der Alkohol beim Erwärmen stark ausdehnt (Bruchgefahr!).

14. Aufmachung und Verkauf

Heute gibt es die verschiedensten Flaschenformen, so daß man für sein spezielles Produkt sicher eine passende Flasche findet. Der Käufer kauft auch mit den Augen, daher ist neben der ansprechenden Flaschenform und Farbe auch das Etikett sehr wichtig. Für klare Brände wirkt eine farblose, aber schön geformte Flasche immer sehr edel. Für Geschenkpackungen gibt es verschiedene Holzkistchen, die das Produkt zur Geltung bringen (Abbildung).
Auf den Flaschen ist ein entsprechend gestaltetes Etikett anzubringen. Was darauf stehen muß und was darauf stehen darf, wird in der Lebensmittelkennzeichnungsverordnung im Österreichischen Lebensmittelbuch, Kap. B 23, geregelt.

Qualität muß in entsprechender Aufmachung angeboten werden. Aus der Vielfalt einige Flaschenformen, Verpackungen und 3 Kostgläser

Was muß auf dem Etikett (Sichtfeld) stehen?

a) Produktbezeichnung (handelsübliche Sachbezeichnung) wie z. B. Apfelbrand, Zwetschkenbrand usw. Bei einem gemischten Obstbrand aus verschiedenen Früchten genügt „Obstler".

b) Name und Adresse des Produzenten

c) Alkoholgehalt des Produktes, der auf +/– 0,3 %vol. genau sein muß. Es können auch Zehntel %vol. angegeben werden (z. B. 43,4 %vol.).

d) Nettofüllmenge (Flaschenvolumen) nur dann, wenn es nicht am Flaschenboden oder am unteren Flaschenrand deutlich sichtbar eingeprägt ist. Kundenfreundlicher ist die Inhaltsangabe auf dem Etikett.

e) Wurde das Destillat von einem Abfindungsberechtigten hergestellt, so ist dies am Etikett zu vermerken.
Der Wortlaut könnte sein: „unter Abfindung gebrannt", „Abfindungsbrand", „unter Abfindung hergestellt" oder ähnliches.

f) Chargennummer – diese kann auf dem Etikett oder auch auf der Flaschenrückseite angebracht werden. Sie hat den Zweck, daß bei einer Beanstandung alle Erzeugnisse unter dieser Nummer aus dem Verkehr gezogen werden können. Vor jeder Chargennummer ist ein „L" für „Los" zu schreiben.

Beispiel

L – A 1 94 = Apfelbrand 1. Partie von 94
L – Z 94 = Zwetschkenbrand 94

Da die Chargennummern sich ändern, soll man auf den Etiketten nur das „L" eindrucken lassen und die Chargennummer nach Bedarf dazuschreiben. Da sie auch auf der Flaschenrückseite angebracht werden kann, ist der Druck eines kleineren Etiketts für die Chargennummer möglich. Die Schriftgröße soll so sein, daß alles gut lesbar ist (mindestens 2 mm). Bei einem echten Brand braucht man ja nichts zu verheimlichen. Die Gestaltung der Etikette ist jedem freigestellt.

Etikettenmuster

Abfindungsbrand **APFELBRAND** *Franz Mair* *Apfelstraße 6* *A-5012 Hofstatt* 43 %vol. 0,5 l L-A 1 94	In Abfindung hergestellt **ÖSTERREICHISCHER** **QUALITÄTSAPFELBRAND** ein **Edelbrand bäuerlicher** **Erzeugung** *Josef Mair* *Apfelweg 7 / A-7604-Apfelwang* 43 %vol. 0,5 l L – A 94

Zusätzlich erlaubte Hinweise:

a) eine auf bäuerliche Erzeugung hinweisende Aufmachung oder Bezeichnung wie „vom Bauern", „Original-Bauernschnaps", „erzeugt vom Bauern", wenn dies den Tatsachen entspricht.

b) die Bezeichnung „echt", „edel" oder ähnlich

c) die Deklaration des Destillatanteiles wie „100% Edelbrand" o. so ähnlich

d) Abbildung der aromagebenden Rohstoffe wie Früchte, Beeren usw.; Abbildungen, die den Konsumenten täuschen, sind verboten.

15. Trinkkultur

Die verschiedenen alkoholischen Getränke müssen eine optimale Trinktemperatur haben, damit ihr Aroma, ihr Geschmack und ihre Eigenart voll zur Geltung kommen. Heute müssen fast alle Getränke zum Trinken kalt sein. Besinnen wir uns doch wieder und trinken die diversen Getränke mit der richtigen Temperatur. Bei den Bränden sind Kornbrände kalt zu trinken; bei den verschiedenen Obstbränden kommt ihre Eigenart erst bei höheren Temperaturen (15° C bis 18° C) voll zur Wirkung. Sie gehören daher nicht in den Kühlschrank – außer besonders schlechte Qualitäten.

Qualitätsbrand nicht so anbieten!

16. Spezialbrände

In den vorhergehenden Kapiteln wurde die Verarbeitung verschiedener Rohstoffe beschrieben. Hier soll die Verarbeitung einiger Rohstoffe zu speziellen Bränden beschrieben werden, die heute von Konsumenten sehr geschätzt werden.

Verarbeitungshinweise werden nur soweit angeführt, als sie von der allgemeinen Arbeitsweise abweichen.

Für Wacholder, Enzian und Meisterwurz, die mehr lokale Bedeutung haben, gibt es keine Kodexregelung. Da diese Rohstoffe meistens in einer Obstmaische vergoren werden, können diese Brände – wie folgt – bezeichnet werden:

- Wacholder in Obstler
- Meisterwurz in Obstler
- Enzian in Obstler

Wenn die Vergärung in Apfelmaische oder in einer anderen Maische erfolgt, kann das Destillat statt Obstler danach benannt werden (zum Beispiel in Apfelbrand, in Birnenbrand usw.). Die Rohstoffe in Lutter einzuweichen und dann zu brennen (Überzug), ist für den Abfindungsbrenner gesetzlich nicht erlaubt. Diese Stoffe müssen in einer Obstmaische vergoren werden. Dabei ist eine bessere Aromaausbeute möglich als durch das Einweichen in Lutter.

16.1 Wacholder im Obstler

Man bereitet zuerst einen konzentrierten Wacholderlutter, in dem man die zerkleinerten Beeren (durch den Fleischwolf treiben, zerstampfen) in so viel Obstmaische vergärt, wie man für eine Kesselfüllung braucht. Die Wacholderzugabe hängt davon ab, wie kräftig der Wacholdergeschmack im fertigen Destillat sein soll. Die einen lieben es kräftig, die anderen etwas milder. Als Richtlinie kann man 2–5 kg Beeren dazugeben; auch die Menge des fertigen Destillates muß man berücksichtigen. Es ist jedenfalls besser, etwas mehr Beeren zu verwenden, da ein Strecken mit neutralem Destillat immer möglich ist.

Zum Wacholderlutter wird so viel gesammelter Nachlauf von den Feinbränden oder normaler Lutter dazugegeben, daß ein Feinbrand abgetrieben werden kann. Beim Feinbrand muß man wieder genügend Vor- und Nachlauf abtrennen. Den gewonnenen Mittellauf mit neutralem Destillat auf die gewünschte Aromastärke einstellen! Es ist vielleicht günstig, zwei verschieden aromakräftige Brände herzustellen. Der Alkoholgehalt soll 42–45 %vol. betragen. Wenn es beim Filtrieren durch die ätherischen Öle Probleme gibt, dann um 5 %vol. niedriger einstellen, 1–2 Wochen bei ca. 0° C lagern, dann filtrieren (kalt) und anschließend mit hochprozentigem Mittellauf auf die gewünschte Trinkstärke einstellen.

16.2 Meisterwurz im Obstler

Die gut gereinigten Wurzeln werden zerkleinert (im Fleischwolf) und in einer Apfelmaische vergoren. Wenn man größere Mengen Meisterwurzbrand braucht, gibt man wieder in 100 Liter Maische (bzw. für eine Kesselfüllung) 3–5 Kilo oder auch mehr Wurzeln. Diesem Lutter kann man nochmals Rauhwasser dazugeben, um einen Kessel Feinbrand zu bekommen. Der daraus gewonnene Feinbrand wird mit neutralem Destillat verschnitten, bis man die gewünschte Geschmacksstärke erreicht. Es ist günstig, zwei verschiedene Geschmacksstärken herzustellen. Das Destillat wird auf 43–45 %vol. Alkohol eingestellt.
Für 10 l fertiges Destillat rechnet man ca. 1 kg frische oder ca. $^1/_3$ kg getrocknete Wurzeln.

16.3 Enzian im Obstler

Die Verarbeitung erfolgt grundsätzlich wie bei der Meisterwurz. Für eine Kesselfüllung Maische benötigt man 2–3 kg gewaschene und gut zerkleinerte Wurzeln, für 10 l fertiges Destillat rechnet man ca. 1 kg frische oder $^1/_3$ kg getrocknete Wurzeln. Wieder für Anfänger: zuerst mehr Wurzeln verwenden!
Der gelbe Enzian wird heute bereits landwirtschaftlich kultiviert. Der Anbau ist bis in Höhenlagen von 1600 Metern möglich. Wer sich für den Anbau interessiert, möge sich an folgende Adresse wenden: Bundesanstalt für alpenländische Landwirtschaft, Abteilung 2.4, A-8952 Irdning, Telefon (0 36 82) 22 4 51-0.

16.4 Williams-Christ-Birne (Williamsbrand)

Diese Birnensorte liefert bei entsprechender Verarbeitung ein hervorragendes Destillat. Die Birnen dürfen nicht zu früh gepflückt werden, sie sollen der Genußreife nahe sein und aus Obstlagen kommen, wo diese Sorte ihr volles Aroma entwickelt.

Das Einmaischen (Einschlagen) erfolgt beim Beginn des Teigigwerdens der Birne. Sie muß mit der Hand leicht zu zerdrücken sein, darf aber innen nicht verfärbt (bräunlich) sein.

Um besonders feine Brände zu erzielen, muß man die Fruchtstiele entfernen. Sie können einen leichten Bittergeschmack im Destillat bewirken; außerdem darf man keine verletzten, faulen oder unreifen Früchte verwenden.

Der Zuckergehalt ist nicht besonders hoch und liegt zwischen 7 und 10%, auch der Säuregehalt ist relativ niedrig (Ansäuerung notwendig). Das Aroma ist dafür sehr stark ausgeprägt. In der Maische ist es kaum spürbar, doch beim Brennen kommt es stark zum Vorschein.

Der geringe Säuregehalt (pH-Wert) kann leicht zu Fehlgärungen führen, daher ist eine Säurebehandlung (siehe Seite 64) zu empfehlen. Durch Säurezusatz kann der pH-Wert abgesenkt werden, und viele schädliche Organismen werden gehemmt, während die Reinzuchthefe auch bei niedrigen pH-Werten noch einwandfrei arbeitet.

Den pH-Wert auf ca. 3,2 bis 3,5 mit entsprechenden Säurepräparaten (MS-Säure, Combisäure oder mit anderen im Handel erhältlichen Produkten) einstellen. Weiters soll eine Enzymbehandlung zur Maischeverflüssigung durchgeführt werden, selbstverständlich ist auch Reinzuchthefe zuzusetzen.

Arbeitsweise (siehe auch Seite 59 Enzymbehandlung). Die Birnen sollen zum Maischen eine Temperatur von 16–18° C haben, damit die Maische die richtige Gärtemperatur hat.

Die Gärung

Die Gärtemperatur soll 15–18° C betragen. Bei höheren Temperaturen treten bereits Aromaverluste auf. Je nach Gärtemperatur ist die Gärung nach 3–4 Wochen beendet. Wenn beim Gärspund kein CO_2 mehr entweicht, ist der Vergärungsgrad (scheinbarer Extrakt, siehe auch Seite 73) mittels Saccharometer oder Öchslewaage zu bestimmen. Bei der Williams-Christ-Birne liegt dieser zwischen 1,7 und 4% mas.

Im Zweifelsfall einen Gärtest durchführen (siehe Seite 71).

Das Brennen

Um eine optimale Aromaausbeute zu erzielen, muß bei abklingender Gärung bzw. bei Gärungsende sofort gebrannt werden. Ein längeres Aufbewahren der Maische führt unweigerlich zu Aroma- und Qualitätsverlusten. Den Feinbrand langsam und schonend durchführen! Ab 55 Volumenprozent in der Vorlage immer wieder verkosten, ob das Destillat noch einwandfrei schmeckt. Man kann auch ab diesem Zeitpunkt das Destillat halbliter- oder literweise auffangen und dann verkosten. Sobald fuselige Nachlaufanteile im Destillat erscheinen, ist auf Nachlauf umzuschalten.

Bei Williams-Birnen erhält man noch unter 40 Volumenprozent fallweise gute Aromastoffe, doch sind diese meist stark mit Fuselölen vermischt, so daß sie nicht verwendbar sind.

Lagerung

Den Mittellauf 1 bis 2 Monate lang bei ca. 15° C dunkel und mit wenig Luftberührung lagern. Höhere Temperaturen verursachen Aromaverluste, und Licht führt zur Ranzigkeit (ätherische Öle).

Einstellen der Trinkstärke und Filtration (siehe auch Seite 118 und 123)

Williams-Brand enthält viele ätherische Öle, so daß er oft nicht blank zu bekommen ist. Wenn man aber das Destillat 4–5 %vol. unter der Trinkstärke einstellt und nach der Filtration mit einem hochprozentigen Mittellauf auf die gewünschte Trinkstärke bringt, wird der leichte Schleier aufgelöst, und man hat einen blanken Williams-Brand.

Eine Abkühlung vom Williams-Brand vor dem Filtrieren auf 0° C oder darunter ist nicht empfehlenswert, es scheiden sich dann zu viele ätherische Öle und damit auch Aromastoffe aus. Da ein Obstbrand und besonders ein Williams-Brand nie in den Kühlschrank gehören, braucht man vor dem Filtrieren nicht so stark zu kühlen; es genügt eine Temperatur von 5–8° C.

Lagerung des trinkfertigen Brandes

Das Williams-Aroma ist empfindlich gegen Licht, Wärme und Sauerstoff, man muß ihn daher dunkel in vollen Behältern bei ca. 15° C lagern! Nicht in zu große Flaschen füllen, da bei zu langsamem Verbrauch in halbvollen Flaschen Aromaverluste auftreten.

16.5 Holunderbrand

Neben dem wildwachsenden schwarzen Holunder gibt es bereits einige gute Selektionen wie z. B. die Sorte „Haschberg". Die Ernte erfolgt, wenn sich auf der

Traube noch einige grüne Beeren befinden. Die Beeren müssen von den Stielen und Kämmen getrennt (Rebelmaschine) oder über Hasengitter abgestreift werden. Anschließend muß man die Beeren durch eine Maischemühle treiben, damit ein rascher Aufschluß erfolgt. Falls man die Beeren im ganzen einmaischt, muß öfters durchgerührt werden.

Holundermaische hat wenig Säure und Hefenährstoffe und ist daher sehr anfällig für verschiedene Gärfehler. Um eine reintönige Maische und damit auch einen sauberen Holunderbrand zu bekommen, sind folgende Zusätze notwendig:

* Reinzuchthefe
* Pektinabbauendes Enzym
* Säure
* Hefenährsalz

Arbeitsvorgang

1. Reinzuchthefe in einer Menge wie für Kernobst angegeben
2. Pektinabbauendes Enzym in einer Menge wie für Kernobst angegeben
3. 40 g Hefenährsalz/hl (siehe Seite 65)

Diese drei Stoffe können abwechselnd über die Maischemühle zudosiert oder nacheinander (Reihenfolge ist egal) in die Maische eingerührt werden. Die Säuremenge laut Gebrauchsanweisung am nächsten Tag in kleinen Portionen zugeben und gut durchmischen, nach einiger Zeit noch ein- bis zweimal gut durchrühren.

Die Maische- und Gärtemperatur soll 18–20° C betragen. Fässer verschließen und Gärspund aufsetzen. Die Gärung ist nach 12 bis 14 Tagen beendet. Man erkennt dies daran, daß kein Kohlendioxid entweicht. Nach Gärende gehört die Hollermaische sofort abgebrannt (abgetrieben). Jede längere Lagerung ist problematisch und führt leicht zu verschiedenen Fehlern. Beim Brennen Antischaummittel verwenden, um ein Schäumen und Überlaufen der Maische zu verhindern. Das Holunderdestillat läuft gelblich an, es ist also kein Fehler. Das Abbrennen der Maische erfolgt wie auf Seite 96ff. beschrieben. Beim Feinbrand muß man besonders vorsichtig heizen, damit eine saubere Vorlaufabtrennung möglich ist. Unbedingt beim Umschalten vom Vorlauf auf Mittellauf und vom Mittellauf auf Nachlauf Verkostung durchführen. Man muß möglichst viele Aromastoffe in den Mittellauf bekommen.

Zusammensetzung von Holunderbeeren und Holunderbeersaft		
	Holunder- beeren (%)	Holundbeer- saft (g/l)
Wasser	79–85	–
unlösliche Stoffe	6–10	–
Extrakt	9–14	140–151
Gesamtzucker	5–9	80–87
Saccharose	Spuren	0,2–0,9
Zuckerfreier Extrakt	–	60–70
Eiweißstoffe	2,2–2,5	16–22
Mineralstoffe	0,4–0,8	9–10
Vitamin C	10–30 mg	–
Gesamtsäure (ber. als Citronensäure)	1–1,5	–

Quelle: BENK (1960, 1988)

Zur Beachtung

Bei Holunder und Vogelbeere ist auch darauf zu achten, daß genügend Früchte zum Einmaischen vorhanden sind. Da die Alkoholausbeute relativ gering ist, soll man besser 4 als 3 Rauhbrände für einen Feinbrand zur Verfügung haben. Würde man z. B. nur Früchte für einen Rauhbrand zusammenbekommen, ist es vorteilhafter, einen Mischbrand herzustellen. Man mischt die Beeren mit Kernobst und deklariert das Produkt als Mischbrand (z. B. Apfel-Holunder-Brand), auf dem Etikett kann der jeweilige Fruchtanteil angegeben werden (z. B. 70% Apfel, 30% Holunder).

Bei Mischmaischen wird natürlich die Alkoholsteuer nach der Frucht mit dem höchsten Ausbeutesatz berechnet. Die Maischemengen sind aber so gering, daß dies nicht ins Gewicht fällt.

Der Lutter von alkoholarmen Maischen hat natürlich einen geringen Alkoholgehalt (10–15 %vol.), daher ist der Feinbrand besonders vorsichtig durchzuführen, damit eine genügend große Menge Mittellauf erzielt wird. Das Umschalten auf Nachlauf wird bei ca. 45 %vol. liegen, wobei man immer verkosten muß, damit die Qualität stimmt.

16.6 Vogelbeerbrand (Ebereschenbrand)

Die Vogelbeeren so lange wie möglich am Baum belassen; die gewöhnliche (unveredelte) Vogelbeere soll sogar vor der Ernte einige Fröste mitmachen. Die süße oder mährische Eberesche wird gerne von den Vögeln gefressen, und der Erntetermin richtet sich eigentlich nach dem Vogelfraß. Man kann die Früchte ruhig 2 bis 3 Wochen in Steigen locker lagern, wenn man nicht sofort zum Einmaischen kommt. Eingemaischt werden nur die Beeren. Die Stiele und Kämme müssen entfernt werden, da sie dem Schnaps einen bitteren Geschmack verleihen. Zum Abrebeln (Entfernen der Stiele und Kämme) gibt es geeignete Rebelmaschinen. Diese können auch für Holunder verwendet werden. Kleine Mengen können auch über ein Hasengitter abgerebelt werden (siehe Seite 57).

Zum Einmaischen sollen die Beeren gequetscht oder durch eine Maischemühle getrieben werden. Die Kerne müssen ganz bleiben, da sich sonst das Bittermandelöl bei der Gärung in Blausäure umwandeln kann.

Die Vogelbeeren enthalten den natürlichen Konservierungsstoff Sorbinsäure,

Handliche Rebelmaschine für Vogelbeeren und Holunder in Edelstahl

der auch die Hefe hemmt und damit die Gärung erschwert. Für eine gute Gärung sind folgende Zusätze notwendig:

1. Reinzuchthefe in doppelter Menge wie für Kernobst angegeben. Günstig wäre es, wenn man die Hefe 1 bis 2 Tage vorher in etwas Obstmaische vermehrte (Anstellmaische). Pro hl Vogelbeermaische werden 1–2 Liter Anstellmaische zugegeben.
2. Enzymzusatz zur Verflüssigung der Maische in zwei- bis dreifacher Menge wie für Kernobst angegeben (siehe auch Seite 69).
3. Zugabe von Hefenährsalz, da Ebereschen zu wenig Stickstoffverbindungen enthalten, die die Hefe unbedingt braucht. Man nimmt pro hl 40 g Hefenährsalz nach Gebrauchsanleitung (siehe auch Seite 65).

Alle drei Stoffe können abwechselnd über die Maischemühle zudosiert oder in die Maische eingerührt werden.

Da die Vogelbeeren wenig Saft enthalten, ist so viel Wasserzusatz notwendig, daß alle Hohlräume ausgefüllt werden und das Wasser knapp über der Maische steht. Vogelbeeren sollen beim Einmaischen eine Temperatur von ca. 20° C haben, damit die Gärung sofort einsetzt. Die Gärtemperatur beträgt auch 18–20° C.

Hat man keine Reinzuchthefe zur Verfügung, kann man auch Preßhefe (Germ) in einer Menge von 300–500 g/hl Maische verwenden. Die Germ in Wasser (ca. 25° C) anrühren und der Maische zumischen. Bei Germverwendung soll die Gärtemperatur 24–25° C betragen.

Die Gärung dauert bei guten Bedingungen 6 bis 7 Wochen. Vor dem Brennen unbedingt den Vergärungsgrad feststellen (siehe Seite 70). Vergorene Maischen haben noch ca. 7% Extrakt, mit Saccharometer gemessen. Da es aber größere Abweichungen gibt, soll ein Gärtest (siehe Seite 71) durchgeführt werden. Eine steckengebliebene Gärung kann durch erneuten Hefezusatz angekurbelt werden. Das Abbrennen der Maische erfolgt wie auf Seite 94ff. beschrieben.

Wenn der Mittellauf mit 55 %vol. läuft, mit dem Verkosten beginnen! Bei Vogelbeermaischen kommen oft lange noch gute Aromastoffe. Umschalten auf Nachlauf erst dann, wenn Nachlaufprodukte festgestellt werden.

Mittellauflagerung wie üblich (siehe Seite 106). Auf Trinkstärke eingestellter Vogelbeerbrand (42–45 %vol.) soll bei Zimmertemperatur gelagert werden. Er reift so wesentlich rascher und wird sehr mild. Ein guter Vogelbeerbrand soll in Aroma und Geschmack kräftig und etwas herbbitter sein und ein zartes Bittermandelaroma zeigen.

Zusammensetzung von Vogelbeeren und Vogelbeersaft			
	Gewöhnliche, bittere Eberesche (%)	Süße mährische Eberesche (%)	Eber- eschen- säfte (g/l)
Wasser	66–81	64–75	–
unlösliche Stoffe	6–12	9	–
Extrakt	12–22	15–16	98–206
Invertzucker	5–8	8–9	26–67
Saccharose	0,3–0,7	0–0,3	0–4,2
Eiweißstoffe	0,9–1,2	1,5	1–3
Pektinstoffe	0,6–4,2	–	–
Gerbstoffe	0,2–0,4	0,2–0,8	2,3
Mineralstoffe	0,7–1,0	0,8	4–7
Rohfaser	–	3,2	–
Vitamin C	40–120 mg	35–200 mg	520–800 mg/l
Carotinoide, ges.	5–14 mg	6 mg	–
Saftausbeute	–	–	44–56%
Gesamtsäure (ber. als Äpfelsäure)	1,2–3,1	–	–

Quelle: BENK (1960, 1988)

Tabelle zur Bestimmung des wirklichen Alkoholgehaltes in Volumprozenten									
Abgelesene Grade am Alkoholometer	Temperatur nach Celsius								
	5	6	7	8	9	10	11	12	13	14
35	41,1	40,7	40,3	39,9	39,5	39,1	38,7	38,3	37,9	37,4
36	42,1	41,7	41,3	40,9	40,5	40,1	39,7	39,3	38,8	38,4
37	43,1	42,7	42,3	41,9	41,5	41,1	40,6	40,2	39,8	39,4
38	44,0	43,6	43,2	42,8	42,4	42,0	41,6	41,2	40,8	40,4
39	45,0	44,6	44,2	43,8	43,4	43,0	42,6	42,2	41,8	41,4
40	45,9	45,5	45,1	44,8	44,4	44,0	43,6	43,2	42,8	42,4
41	46,9	46,5	46,1	45,7	45,3	44,9	44,5	44,2	43,8	43,4
42	47,8	47,4	47,1	46,7	46,3	45,9	45,5	45,1	44,7	44,4
43	48,8	48,4	48,0	47,6	47,3	46,9	46,5	46,1	45,7	45,3
44	49,7	49,3	49,0	48,6	48,2	47,8	47,5	47,1	46,7	46,3
45	50,7	50,3	49,9	49,6	49,2	48,8	48,4	48,1	47,7	47,3
46	51,6	51,3	50,9	50,5	50,2	49,8	49,4	49,0	48,7	48,3
47	52,6	52,2	51,8	51,5	51,1	50,7	50,4	50,0	49,6	49,3
48	53,5	53,2	52,8	52,4	52,1	51,7	51,4	51,0	50,6	50,2
49	54,5	54,1	53,8	53,4	53,1	52,7	52,3	52,0	51,6	51,2
50	55,4	55,1	54,7	54,4	54,0	53,7	53,3	52,9	52,6	52,2
51	56,4	56,1	55,7	55,3	55,0	54,6	54,3	53,9	53,6	53,2
52	57,4	57,0	56,7	56,3	56,0	55,6	55,3	54,9	54,5	54,2
53	58,3	58,0	57,6	57,3	56,9	56,6	56,2	55,9	55,5	55,2
54	59,3	58,9	58,6	58,3	57,9	57,6	57,2	56,9	56,5	56,1
55	60,2	59,9	59,6	59,2	58,9	58,5	58,2	57,8	57,5	57,1
56	61,2	60,9	60,5	60,2	59,9	59,4	59,2	58,8	58,5	58,1
57	62,2	61,8	61,5	61,2	60,8	60,5	60,1	59,8	59,5	59,1
58	63,1	62,8	62,5	62,1	61,8	61,5	61,1	60,8	60,4	60,1
59	64,1	63,8	63,4	63,1	62,8	62,4	62,1	61,8	61,4	61,1
60	65,1	64,7	64,4	64,1	63,8	63,4	63,1	62,7	62,4	62,1
61	66,0	65,7	65,4	65,1	64,7	64,4	64,1	63,7	63,4	63,1
62	67,0	66,7	66,4	66,0	65,7	65,4	65,0	64,7	64,4	64,0
63	68,0	67,7	67,3	67,0	66,7	66,3	66,0	65,7	65,4	65,0
64	68,9	68,6	68,3	68,0	67,7	67,3	67,0	66,7	66,3	66,0
65	69,9	69,6	69,3	68,9	68,6	68,3	68,0	67,7	67,3	67,0
66	70,9	70,6	70,2	69,9	69,6	69,3	69,0	68,6	68,3	68,0
67	71,8	71,5	71,2	70,9	70,6	70,3	69,9	69,6	69,3	69,0
68	72,8	72,5	72,2	71,9	71,5	71,2	70,9	70,6	70,3	70,0
69	73,8	73,5	73,1	72,8	72,5	72,2	71,9	71,6	71,3	70,9
70	74,7	74,4	74,1	73,8	73,5	73,2	72,9	72,6	72,2	71,9

Beispiel:

Die Alkoholometerablesung (Eichtemperatur 20° C) beträgt für ein bestimm-
tes Destillat bei 15° C 45 %vol. Der Alkoholgehalt bei 20° C ist wie folgt zu
ermitteln.

für Alkoholometer mit 20° C Eichtemperatur (Volumenkonzentration bei 20° C)										
Temperaturgrade nach Celsius										
15	16	17	18	19	20	21	22	23	24	25
37,0	36,6	36,2	35,8	35,4	35,0	34,6	34,2	33,8	33,4	33,0
38,0	37,6	37,2	36,8	36,4	36,0	35,6	35,2	34,8	34,4	34,0
39,0	38,6	38,2	37,8	37,4	37,0	36,6	36,2	35,8	35,4	35,0
40,0	39,6	39,2	38,8	38,4	38,0	37,6	37,2	36,8	36,4	36,0
41,0	40,6	40,2	39,8	39,4	39,0	38,6	38,2	37,8	37,4	37,0
42,0	41,6	41,2	40,8	40,4	40,0	39,6	39,2	38,8	38,4	38,0
43,0	42,6	42,2	41,8	41,4	41,0	40,6	40,2	39,8	39,4	39,0
44,0	43,6	43,2	42,8	42,4	42,0	41,6	41,2	40,8	40,4	40,0
44,9	44,6	44,2	43,8	43,4	43,0	42,6	42,2	41,8	41,4	41,0
45,9	45,5	45,2	44,8	44,4	44,0	43,6	43,2	42,8	42,4	42,0
46,9	46,5	46,2	45,8	45,4	45,0	44,6	44,2	44,8	44,4	43,1
47,9	47,5	47,1	46,8	46,4	46,0	45,6	45,2	44,8	44,5	44,1
48,9	48,5	48,1	47,8	47,4	47,0	46,6	46,2	45,9	45,5	45,1
49,9	49,5	49,1	48,8	48,4	48,0	47,6	47,2	46,9	46,5	46,1
50,9	50,5	50,1	49,7	49,4	49,0	48,6	48,2	47,9	47,5	47,1
51,8	51,5	51,1	50,7	50,4	50,0	49,6	49,3	48,9	48,5	48,1
52,8	52,5 ·	52,1	51,7	51,4	51,0	50,6	50,3	49,9	49,5	49,1
53,8	53,5	53,1	52,7	52,4	52,0	51,6	51,3	50,9	50,5	50,2
54,8	54,4	54,1	53,7	53,4	53,0	52,6	52,3	51,9	51,5	51,2
55,8	55,4	55,1	54,7	54,4	54,0	53,6	53,3	52,9	52,5	52,2
56,8	56,4	56,1	55,7	55,4	55,0	54,6	54,3	53,9	53,6	53,2
57,8	57,4	57,1	56,7	56,4	56,0	55,6	55,3	54,9	54,6	54,2
58,8	58,4	58,1	57,7	57,4	57,0	56,6	56,3	55,9	55,6	55,2
59,7	59,4	59,1	58,7	58,4	58,0	57,6	57,3	56,9	56,6	56,2
60,7	60,4	60,0	59,7	59,3	59,0	58,6	58,3	57,9	57,6	57,2
61,7	61,4	61,0	60,7	60,3	60,0	59,7	59,3	58,9	58,6	58,2
62,7	62,4	62,0	61,7	61,3	61,0	60,7	60,3	60,0	59,6	59,3
63,7	63,4	63,0	62,7	62,3	62,0	61,7	61,3	61,0	60,6	60,3
64,7	64,4	64,0	63,7	63,3	63,0	62,7	62,3	62,0	61,6	61,3
65,7	65,3	65,0	64,7	64,3	64,0	63,7	63,3	63,0	62,6	62,3
66,7	66,3	66,0	65,7	65,3	65,0	64,7	64,3	64,0	63,6	63,3
67,7	67,3	67,0	66,7	66,3	66,0	65,7	65,3	65,0	64,6	64,3
68,6	68,3	68,0	67,7	67,3	67,0	66,7	66,3	66,0	65,7	65,3
69,6	69,3	69,0	68,7	68,3	68,0	67,7	67,3	67,0	66,7	66,3
70,6	70,3	70,0	69,7	69,3	69,0	68,7	68,3	68,0	67,7	67,3
71,6	71,3	71,0	70,6	70,3	70,0	69,7	69,3	69,0	68,7	68,4

Wir suchen in der linken Spalte (abgelesene Grade am Alkoholometer) die Zahl 45 und gehen in der Zeile nach rechts bis zur Spalte 15° C. Dort steht 46,9, das heißt der wirkliche Alkoholgehalt bei 20° C beträgt 46,9 %vol.

Mischtabelle

Mischungstabelle für die Herabsetzung hochprozentiger Destillate

Die Tabelle gibt die Anzahl Liter Wasser an, welche zu 100 l Destillat zuzusetzen sind, um die gewünschte Trinkstärke zu erhalten

Alkohol-gehalt (%vol.)	Gewünschter Alkoholgehalt (%vol.)																	
	34	35	36	37	38	39	40	41	42	43	44	45	46	47	48	49	50	51
79	136,5	129,8	123,5	117,6	111,9	106,5	101,4	96,5	91,8	87,3	83,1	79,0	75,1	71,3	67,8	64,3	61,0	57,8
78	133,4	126,8	120,5	114,7	109,1	103,7	98,7	93,9	89,2	84,8	80,6	76,6	72,8	69,0	65,5	62,1	58,5	55,7
77	130,3	123,8	117,6	111,8	106,3	101,0	96,0	91,3	86,7	82,3	78,2	74,2	70,5	66,7	63,3	59,9	56,7	53,6
76	127,2	120,8	114,7	109,0	103,5	98,3	93,4	88,7	84,2	79,9	75,8	71,9	68,2	64,5	61,1	57,8	54,6	51,5
75	124,1	117,8	111,8	106,2	100,7	95,6	90,8	86,1	81,7	77,4	73,4	69,5	65,9	62,2	58,9	55,6	52,4	49,4
74	121,0	114,8	108,8	103,3	97,9	92,9	88,1	83,5	79,2	74,9	71,0	67,1	63,6	60,0	56,7	53,4	50,3	47,3
73	117,9	111,8	105,9	100,4	95,1	90,2	85,5	80,9	76,7	72,4	68,6	64,8	61,3	57,7	54,4	51,2	48,2	45,2
72	114,9	108,8	103,0	97,6	92,4	87,5	82,9	78,4	74,2	70,0	66,2	62,5	59,0	55,5	52,3	49,1	46,1	43,2
71	111,8	105,8	100,1	94,7	89,6	84,8	80,2	75,8	71,6	67,5	63,8	60,1	56,7	53,2	50,0	46,9	43,9	41,0
70	108,7	102,8	97,2	91,8	86,8	82,1	77,6	73,2	69,1	65,1	61,4	57,7	54,4	50,9	47,8	44,7	41,8	39,0
69	105,7	99,8	94,3	89,1	84,1	79,4	75,0	70,7	66,6	62,7	59,0	55,4	52,1	48,7	45,6	42,6	39,7	36,9
68	102,6	96,8	91,4	86,2	81,3	76,7	72,3	68,1	64,1	60,2	56,6	53,0	49,8	46,5	43,4	40,4	37,6	34,8
67	99,5	93,8	88,5	83,4	78,6	74,0	69,7	65,5	61,6	57,8	54,2	50,7	47,5	44,2	41,2	38,3	35,5	32,8
66	96,5	90,9	85,6	80,6	75,9	71,4	67,1	63,0	59,1	55,4	51,9	48,4	45,2	42,0	39,0	36,2	33,4	30,8
65	93,4	87,9	82,7	77,8	73,1	68,7	64,5	60,4	56,6	52,9	49,5	46,1	42,9	39,8	36,8	34,0	31,3	28,7
64	90,2	84,9	79,8	75,0	70,3	66,0	61,9	57,8	54,1	50,4	47,1	43,7	40,6	37,5	34,6	31,8	29,2	26,6
63	87,3	81,9	76,9	72,2	67,6	63,3	59,3	55,3	51,6	48,0	44,7	41,4	38,3	35,3	32,4	29,7	27,1	24,5
62	84,3	79,0	74,0	69,4	64,9	60,7	56,7	52,8	49,2	45,6	42,3	39,1	36,1	33,1	30,3	27,6	25,0	22,5
61	81,2	76,0	71,1	66,5	62,1	58,0	54,1	50,2	46,7	43,1	39,9	36,8	33,8	30,8	28,1	25,4	22,9	20,4
60	78,2	73,0	68,2	63,7	59,4	55,3	51,5	47,7	44,2	40,7	37,5	34,5	31,5	28,6	25,9	23,3	20,8	18,3
59	75,1	70,1	65,4	60,9	56,7	52,7	48,9	45,2	41,7	38,3	35,2	32,2	29,3	26,4	23,8	21,2	18,7	16,3
58	72,0	67,1	62,5	58,1	53,9	50,0	46,3	42,6	39,2	35,9	32,8	29,8	27,0	24,2	21,6	19,0	16,6	14,2
57	69,0	64,1	59,8	55,3	51,2	47,3	43,7	40,1	36,7	33,5	30,4	27,5	24,7	22,0	19,4	16,9	14,5	12,2
56	66,0	61,2	56,7	52,5	48,5	44,7	41,1	37,6	34,3	31,1	28,1	25,2	22,5	19,8	17,2	14,8	12,4	10,2
55	62,9	58,2	53,8	49,7	45,8	42,0	38,4	35,0	31,8	28,7	25,7	22,9	20,2	17,5	15,1	12,6	10,3	8,1

Mischungstabelle für die Herabsetzung hochprozentiger Destillate

Die Tabelle gibt die Anzahl Liter Wasser an, welche zu 100 l Destillat zuzusetzen sind, um die gewünschte Trinkstärke zu erhalten

Alkoholgehalt (% vol)	Gewünschter Alkoholgehalt (% vol.)																	
	34	35	36	37	38	39	40	41	42	43	44	45	46	47	48	49	50	51
54	59,8	55,2	50,9	46,9	43,0	39,3	35,8	32,5	29,3	26,3	23,3	20,6	17,9	15,3	12,9	10,5	8,2	6,1
53	56,8	52,3	48,0	44,1	40,3	36,7	33,2	30,0	26,8	23,9	21,0	18,3	15,6	13,1	10,7	8,4	6,2	4,1
52	53,5	49,4	45,2	41,3	37,6	34,1	30,7	27,5	24,4	21,5	18,7	16,0	13,4	10,9	8,6	6,3	4,2	2,0
51	50,8	46,4	42,3	38,5	34,9	31,4	28,1	24,9	21,9	19,1	16,3	13,7	11,1	8,7	6,4	4,3	2,1	
50	47,8	43,5	39,5	35,7	32,2	28,8	25,5	22,4	19,5	16,7	14,0	11,4	8,9	6,5	4,3	2,2		
49	44,8	40,6	36,7	33,0	29,5	26,2	23,0	19,9	17,1	14,3	11,7	9,1	6,7	4,4	2,2			
48	41,7	37,6	33,8	30,2	26,8	23,5	20,4	17,4	14,6	11,9	9,3	6,8	4,5	2,2				
47	38,7	34,7	31,0	27,4	24,1	20,9	17,8	14,9	12,1	9,5	7,0	4,5	2,3					
46	35,7	31,8	28,2	24,7	21,4	18,3	15,3	12,4	9,7	7,1	4,7	2,3						
45	32,8	28,9	25,3	22,0	18,7	15,7	12,7	9,9	7,3	4,7								
44	29,8	26,0	22,4	19,2	16,0	13,0	10,1	7,4	4,9	2,4								
43	26,8	23,1	19,6	16,4	13,3	10,4	7,6	5,0	2,5									
42	23,8	20,2	16,8	13,7	10,7	7,8	5,1	2,6										
41	20,8	17,3	14,0	10,9	8,0	5,2	2,6											
40	17,8	14,4	11,2	8,2	5,3	2,6												
39	14,8	11,9	8,4	5,5	2,7													

Beispiel

Der zu verdünnende Mittellauf hat einen Alkoholgehalt von 64 %vol. Der gewünschte Alkoholgehalt soll 45 %vol. betragen. Wir suchen in der linken Spalte (Gradzahl des Branntweines, der herabgesetzt wird) die Zahl 64, gehen in der Zeile nach rechts bis zur Spalte des gewünschten Gradgehaltes (45 %vol), dort steht die Zahl 43,7, d. h. in 100 l Mittellauf von 64 %vol. sind 43,7 l Wasser zu schütten, damit ein Alkoholgehalt von 45 %vol. erreicht wird (siehe auch Seite 120).

Alkohol-Umrechnungstabelle für die Gehaltsangabe in Volumenprozent (%vol.), Massenprozent (% mas), Gramm pro Liter (g/l) und die Dichte (g/cm^3) entsprechender Alkohol/Wasser-Mischungen bei 20° C

%vol.	% mas	g/l	(20° C)	%vol.	% mas	g/l	(20° C)
26	21,2	205,2	0,9670	51	43,3	402,5	0,9282
27	22,1	213,1	0,9658	52	44,3	410,4	0,9261
28	22,9	221,0	0,9646	53	45,3	418,3	0,9241
29	23,8	228,9	0,9634	54	46,2	426,2	0,9221
30	24,6	236,8	0,9622	55	47,2	434,1	0,9199
31	25,5	244,7	0,9609	56	48,2	442,0	0,9178
32	26,4	252,6	0,9596	57	49,1	449,9	0,9157
33	27,2	260,5	0,9583	58	50,1	457,8	0,9135
34	28,0	268,4	0,9570	59	51,1	465,7	0,9113
35	28,9	276,2	0,9556	60	52,1	473,6	0,9091
36	29,8	284,1	0,9542	61	53,1	481,5	0,9069
37	30,6	292,0	0,9527	62	54,1	489,3	0,9046
38	31,5	299,9	0,9512	63	55,1	497,2	0,9023
39	32,4	307,8	0,9496	64	56,1	505,1	0,9000
40	33,3	315,7	0,9480	65	57,2	513,0	0,8976
41	34,2	323,6	0,9464	66	58,2	520,9	0,8953
42	35,1	331,5	0,9448	67	59,2	528,8	0,8929
43	36,0	339,4	0,9431	68	60,3	536,7	0,8905
44	36,9	347,3	0,9413	69	61,3	544,6	0,8880
45	37,8	355,2	0,9395	70	62,4	552,5	0,8856
46	38,7	363,1	0,9377	71	63,5	560,4	0,8830
47	39,6	371,0	0,9359	72	64,6	568,3	0,8805
48	40,6	378,8	0,9340	73	65,6	576,2	0,8780
49	41,5	386,7	0,9321	74	66,7	584,1	0,8754
50	42,4	394,6	0,9301	75	67,8	591,9	0,8728

17. Brenn-Telegramm

Die wichtigsten Stationen des Schnapsbrennens kurz als Gedächtnisstütze zusammengefaßt; in Klammern sind die Seitenzahlen zum genauen Nachlesen angegeben:

1. Welche Obstarten oder sonstigen Rohstoffe stehen dieses Jahr zum Brennen zur Verfügung (18ff.).
2. Rechtzeitige Besorgung bzw. Durchsicht und Überprüfung der Gärbehälter (33ff.).
3. Rechtzeitige Besorgung von Reinzuchttrockenhefe, Enzym, Säure und Hefenahrung.
4. Maischemühlen reinigen und überprüfen.
5. Rohstoffe sammeln und entsprechend aufbereiten – nur gute, saubere und fäulnisfreie Rohstoffe ergeben einen guten Brand (54ff.).
6. Gefrorenes wie auch kaltes Obst vorher anwärmen, damit die Maischetemperatur von mindestens 18° C erreicht wird.
7. Einmaischen des zerkleinerten oder gequetschten Obstes durch Zusatz von Hefe, Enzym und eventuell Säure.
8. Verschließen der Gärbehälter (67f.).
9. Die Gärtemperatur von 18 bis 20° C einhalten, damit die Gärung nicht steckenbleibt. Williams-Birne und Himbeeren haben eine Gärtemperatur von höchstens 18° C.
10. Die Gärdauer beträgt 3 bis 6 Wochen – Kontrollen mit dem Saccharometer (70ff.).
11. Rechtzeitig vor Gärbeginn beim zuständigen Zollamt anmelden.
12. Abbrennen der Maische (94ff.)
    a) Rauhbrand (96ff.)
    b) Feinbrand – wichtigster Brand – langsam brennen und trennen in Vor-, Mittel- und Nachlauf (100ff.).
13. Vor dem Verkauf den Alkohol bestimmen (111ff.) und die richtige Trinkstärke einstellen (118ff.).
    Lagerung des Mittellaufes und des fertigen Brandes vor dem Verkauf.

18. Gesetzliche Bestimmungen

Entsprechend den Vereinheitlichungen des EU-Rechts sind die in diesem Kapitel dargestellten Sachverhalte bereits für Österreich gültig (seit 1.1.1995). Im Zuge der weiteren Harmonisierung sind dieselben Vorschriften auch für Deutschland geplant. Die Anpassung ist aber erst für Sommer 1997 vorgesehen. Bis zur angestrebten Änderung gelten in Deutschland die in Kapitel 19 aufgeführten Regelungen.

18.1 Das Alkoholsteuer- und Monopolgesetz 1995

Für die Herstellung von Alkohol gelten strenge gesetzliche Bestimmungen, die unbedingt beachtet werden müssen. Vor Errichtung einer Brennanlage soll man sich unbedingt informieren. Ab dem 1. Jänner 1995 sind die Zollämter dafür zuständig.

Brennrechte

Die Herstellung von Branntwein erfolgt nach den neuen Bestimmungen entweder im Abfindungswege, wobei Sonderregelungen für den Hausbedarf bestehen, oder in Verschlußbrennereien.

1. Abfindungsberechtigte: Sie besitzen ein einfaches Brenngerät. Landwirte können unter bestimmten Voraussetzungen eine gesetzlich geregelte Menge Alkohol steuerfrei erzeugen (Hausbrandberechtigung).

2. Stoffbesitzer: Dies sind Personen, die selbstgewonnene alkoholbildende Stoffe (Obst, Wurzeln usw.) verarbeiten, aber kein einfaches Brenngerät besitzen.
   Stoffbesitzer können auch Landwirte sein, bei entsprechender Voraussetzung sind sie auch hausbrandberechtigt.

3. Verschlußbrenner: Dies sind gewerbliche Alkoholerzeuger sowie die

bäuerlichen Kleinverschlußbrennereien bis 400 l Alkohol zum ermäßigten Steuersatz von S 54,– / IA.

1. Die abfindungsweise Alkoholherstellung

Darunter versteht man die Alkoholherstellung aus selbstgewonnenen alkoholbildenden Stoffen mit einem zugelassenen einfachen Brenngerät. Das Wesensmerkmal der abfindungsweisen Alkoholherstellung besteht darin, daß die steuerpflichtige Alkoholmenge und der Zeitraum (Brenndauer) durch Verordnung des Bundesministers für Finanzen aufgrund von Durchschnittswerten pauschal festgelegt werden.

Zulässige Erzeugungsmengen

1. Grundsätzlich darf der Abfindungsberechtigte pro Jahr 100 Liter (100%igen) Alkohol „l A" (bisherige Bezeichnung „l W" für Liter Weingeist) steuerbegünstigt erzeugen. Darüber hinaus ist er berechtigt, jährlich weitere 100 Liter Alkohol zu einem höheren Steuersatz herzustellen.

2. Jene brennberechtigten Landwirte, die bis zum Inkrafttreten des neuen Alkohol-Steuer- und Monopolgesetzes über ein 3 hl W-Brennrecht verfügt haben, dürfen auch nach dem Inkrafttreten dieses Gesetzes ihr Brennrecht weiterhin in vollem Umfang ausüben.
Ein Zusatzkontigent von 100 Liter Alkohol zum erhöhten Steuersatz besteht auch für die 3 hl W-Brenner; diese dürfen insgesamt 400 Liter Alkohol herstellen.
Neu ist aber, daß das Brenngerät vom Aufbewahrungsort nicht weggebracht werden darf und nur für die eigene Alkoholerzeugung zu verwenden ist. Man darf also nicht mehr für Stoffbesitzer brennen.

Alkohol für den Hausbedarf (Hausbrandberechtigte)

Die bisherigen Hausbrandbestimmungen werden durch die Hausbedarfsbestimmungen ersetzt. Vom Alkohol, der im Rahmen eines land- und forstwirtschaftlichen Betriebes in einem Jahr unter Abfindung hergestellt wird, sind für den Hausbedarf des abfindungsberechtigten Landwirtes (einschließlich des Ehepartners) 15 Liter Alkohol für jeden Haushaltsangehörigen, der zu Beginn des Kalenderjahres das 19. Lebensjahr vollendet hat,

ABFINDUNG

HAUPT-MERKMALE

- **pauschale Ermittlung** (nach Durchschnittswerten)
- **selbstgewonnene Obststoffe**
- **einfaches Brenngerät**
- **Aufzeichnungspflichten**
- **Anmeldung/Selbstberechnung**

Maischemenge in hl x Ausbeutesatz =

Alkoholmenge

Berechnung

Maischemenge in hl x Konstante =

Brenndauer

Verordnung des Bundesministers für Finanzen

Ausbeutesatz

a) aus 100 l Maische/Wein/Obstwein
b) aus 100 kg Getreide

Konstante

a) Füllraum (event. Rauminhalt)
b) Sondereinricht.
c) andere Verfahren („Dreiviertelbrenner")

 Abfindungsmenge

Alkoholsteuer

– Steuerbefreiung
+ höherer Steuersatz

Fälligkeit

25. des Folgemonats

* 6 Liter Alkohol bis zu einer Höchstmenge von 51 Litern Alkohol, wenn der land- und forstwirtschaftliche Betrieb in den Bundesländern Tirol oder Vorarlberg liegt,

* 3 Liter Alkohol bis zu einer Höchstmenge von 27 Litern Alkohol, wenn der land- und forstwirtschaftliche Betrieb in einem anderen Bundesland liegt,

bestimmt.

Landwirt im Sinne des Gesetzes ist, wer einen land- und forstwirtschaftlichen Betrieb als selbständige Wirtschaftseinheit allein oder zusammen mit Haushaltsangehörigen bewirtschaftet und daraus seinen Lebensunterhalt und den seiner Familie zumindest zu einem erheblichen Teil bestreitet. Darüber hinaus muß der abfindungsberechtigte Landwirt seinen Wohnsitz am land- und forstwirtschaftlichen Betrieb, der den Mittelpunkt seiner Lebensinteressen darstellt, haben.

Als Haushaltsangehörige gelten

– andere Angehörige als Ehegatten, die die Voraussetzungen für Dienstnehmer erfüllen (z. B. mitarbeitende volljährige Kinder) oder für deren Rechnung der land- und forstwirtschaftlichen Betrieb auch geführt wird

– Dienstnehmer, die ohne Unterbrechung mindestens 6 Monate im land- und forstwirtschaftlichen Betrieb hauptberuflich beschäftigt sind

– Personen, denen der Abfindungsberechtigte aufgrund eines land- und forstwirtschaftlichen Ausgedingevertrages freie Verköstigung zu leisten hat, wenn die genannten Personen mit dem Abfindungsberechtigten am Sitz des land- und forstwirtschaftlichen Betriebes im gemeinsamen Haushalt leben und nicht (selbst) zur Herstellung von Alkohol unter Abfindung zugelassen sind.

Was darf gebrannt werden?

Im wesentlichen dürfen folgende selbstgewonnenen Stoffe gebrannt werden:

* Früchte heimischer Art von Stein- und Kernobst, Beeren, Wurzeln, Getreide und Halmrüben, die der Verfügungsberechtigte als Eigentümer, Pächter oder Nutznießer einer Liegenschaft geerntet hat

* wildwachsende Beeren und Wurzeln, die der Verfügungsberechtigte gesammelt hat oder in seinem Auftrag sammeln ließ

* Produkte, die dem Weingesetz unterliegen, wie z. B. Trauben- und Obstwein (Most, auch aufgezuckerte Beerenobstweine).

Die Herstellung von Alkohol aus Getreide oder Halmrüben ist grundsätzlich nur den Bergbauern gestattet, wenn diesen nicht genügend andere alkoholbildende Stoffe zur Verfügung stehen. Von dieser Regelung abweichend dürfen auch Flachlandbauern Getreide brennen, wenn sie innerhalb von 5 Jahren vor dem Inkrafttreten dieses Bundesgesetzes Branntwein aus Getreide hergestellt haben. Abfindungsberechtigte, die über ein 3 hl W-Brennrecht verfügen und bisher alkoholbildende Stoffe zukaufen durften, haben auch weiterhin das Recht, diese Stoffe zuzukaufen.

Steuersätze

Der bisherige Branntweinaufschlag wird durch die Alkoholsteuer ersetzt und beträgt für das 100 und 300 Liter-Kontingent S 54.– je Liter Alkohol.
Die in diesem Kontingent enthaltene Hausbedarfsmenge ist jedoch generell von der Alkoholsteuer befreit.
Für die Zusatzmenge von 100 Litern Alkohol beträgt die Alkoholsteuer S 90,– je Liter Alkohol.

Verkaufsbestimmungen

Der unter Abfindung hergestellte Alkohol (einschließlich des alkoholsteuerfrei erzeugten Alkohols für den Hausbedarf) darf an folgende Personen veräußert werden:
1. Letztverbraucher (in Kleingebinden mit einem deutlich sichtbaren Vermerk, daß der Inhalt unter Abfindung hergestellt worden ist)
2. Gast- und Schankgewerbetreibende (ebenfalls mit Abfindungsvermerk) zur Weiterveräußerung im Gast- und Schankbetrieb
3. Inhaber eines Alkohollagers (insbesondere Lagerung, Be- und Verarbeitung von Alkohol).
Es ist also neu, daß auch die steuerfreie „Hausbedarfsmenge" an die oben genannten Personen veräußert werden darf.

Brenndauer und Brennfrist

Der bisherige 10jährige Brennabschnitt ist weggefallen. Die oben genannten Brennmengen beziehen sich jeweils auf ein Kalenderjahr (1. Jänner bis 31. Dezember)
Die Brenndauer (Gesamtbrennzeit) ist auf eine Folge von Tagen zu verteilen.
Die Brenndauer kann durch Sonntage, gesetzliche Feiertage oder Stunden zwi-

schen 18.00 und 6.00 Uhr, in besonders begründeten Fällen auch auf andere Weise, unterbrochen werden.

Unter Brennfrist (täglicher Brennzeit) versteht man den Zeitraum, in dem an einem Tag Alkohol hergestellt wird. Das einfache Brenngerät darf vor Beginn der Brennfrist nicht befüllt und muß vor Ablauf der Brennfrist entleert sein.

Die Brenndauer (es ist dies die gesamte Brennzeit für die angemeldete Maische) wird mittels einer Konstanten, welche sich aus der Kesselgröße und der Maischemenge errechnet, bestimmt. Es erfolgt keine Unterteilung in Rauh- und Feinbrand.

Die Anmeldung muß jeder Brenner selbst machen. Beim Zollamt liegen die Anmeldeformulare und die Tabellen für die Berechnung der Brenndauer auf. Wenn gleichzeitig verschiedene Maischen angemeldet werden, erhält man ab der 2. Maische jeweils einen Zuschlag von 2 Stunden.

Brenngerät

Zum Herstellen von Alkohol sind nur einfache Brenngeräte erlaubt. Darunter versteht man eine Vorrichtung zur Herstellung von Alkohol, die aus einer Heizung, einer Brennblase, einem Helm, einem Geistrohr und einer Kühleinrichtung besteht. Weitere Voraussetzungen sind, daß ein kontinuierlicher Betrieb nicht möglich ist, der Rauminhalt der Blase 150 Liter nicht übersteigt, zum Entleeren der Brennblase keine anderen Einrichtungen vorhanden sind als ein Ablaßhahn oder eine Kippvorrichtung. Die Brennblase und der Helm dürfen keine anderen Öffnungen als Füllöffnungen und Öffnungen zum Geistrohr und zum Ablaßhahn haben, können aber ein Schauglas aufweisen.

Folgende Sondereinrichtungen sind erlaubt: Wasserbad bis 0,5 bar, Ablaßhahn oder Kippvorrichtung, Rührwerk, Dampfüberleitungsrohr, Öl-, Gas- oder Elektroheizung, Ölbad, Verstärkungsanlagen, die aus nicht mehr als 3 Destillationsstufen (Böden) und einem Dephlegmator (Verstärker) bestehen.

Bei mehr als 3 Sondereinrichtungen ist die niedrigere Konstante für die Brenndauerermittlung heranzuziehen.

Zulassung von Brenngeräten

Der Antrag auf Zulassung eines einfachen Brenngerätes ist durch den Eigentümer bei dem für den Aufbewahrungsort des Brenngerätes zuständigen Zollamt schriftlich einzubringen. Der Antrag hat den Namen, die Anschrift des Antragstellers und den Aufbewahrungsort sowie eine Beschreibung des Brenngerätes zu enthalten. Die bisher gültigen Zulassungen von Brenngeräten bleiben auch nach Inkrafttreten der neuen Rechtslage aufrecht.

Der Erwerb, die Herstellung oder die Veräußerung einer „Alkoholerzeugungsvorrichtung" mit mehr als 2 Raumlitern Inhalt ist dem Zollamt innerhalb einer Woche anzuzeigen. Ab dem 1. Jänner 1995 können auch Stoffbesitzer einen Antrag auf Zulassung eines einfachen Brenngerätes an das zuständige Zollamt stellen.

Abfindungsanmeldung

Die Anmeldung zur abfindungsweisen Branntweinherstellung hat der Abfindungsbrenner bei dem für den Herstellungsort zuständigen Zollamt vorzunehmen. Die Anmeldung gilt als Steuererklärung und ist grundsätzlich gebührenfrei; werden Sonderwünsche angemeldet (z. B. Änderung der Brennfrist), entsteht Gebührenpflicht (S 120,–). Die Anmeldung muß mindestens 5 Werktage vor Beginn der Alkoholherstellung beim zuständigen Zollamt eingelangt sein. Eine Bewilligung gilt als erteilt, wenn das Zollamt nicht innerhalb von 3 Tagen nach Anmeldung einen (negativen) Bescheid erläßt.

Selbstberechnung und Fälligkeit der Alkoholsteuer

Der Abfindungsberechtigte hat die auf die Abfindungsmenge entfallende Steuer selbst zu berechnen und den Steuerbetrag bereits in der Abfindungsanmeldung anzugeben. Die Steuerschuld entsteht mit Beginn des Brennvorganges. Der berechnete Steuerbetrag ist bis zum 25. des auf das Entstehen der Steuerschuld (Brennbeginn) folgenden Kalendermonats beim zuständigen Zollamt zu entrichten.

Die in Abhängigkeit von den Haushaltsangehörigen zustehende steuerfreie Alkoholmenge ist vor Berechnung der Steuer abzuziehen.

Überwachungsbuch

Alle Abfindungsberechtigten haben – vergleichbar mit dem bisherigen Maischebuch – ein Überwachungsbuch zu führen, in dem unter anderem Art und Menge der zur Herstellung von Alkohol bestimmten alkoholbildenden Stoffe unverzüglich aufzuzeichnen sind.

Behörden

Für den Vollzug des Alkohol-Steuer und Monopolgesetzes (Abfindungsanmeldung, Gerätezulassung, Versteuerung, Überwachung usw.) sind die Zollämter (nicht wie bisher die Finanzämter!) zuständig.

2. Verschlußbrennereien

Dies sind die gewerblichen Alkoholerzeuger. Sie müssen für jeden Liter erzeugten Alkohols die entsprechende Steuer entrichten.

Kleinverschlußbrennerei

Eine Vergabe von 300 hl Abfindungsbrennereien ist nicht mehr vorgesehen. Wer also bis 400 l Alkohol/Jahr zu einem ermäßigten Steuersatz von S 54,– (Normalsteuer S 100,–)/l Alkohol erzeugen möchte, kann dies mit einer Kleinverschlußbrennerei tun. Die zuständigen Zollämter geben die notwendigen Auskünfte über die Errichtung einer Kleinverschlußbrennerei. Der Zukauf von Obst und anderen alkoholbildenden Stoffen ist erlaubt.

18.2 Steuern und Ausbeutesätze (laut Abfindungsverordnung)

Für Abfindungsbrenner und Stoffbesitzer ist eine Alkoholsteuer an das zuständige Zollamt zu entrichten. Sie beträgt für das 100- und 300-Liter-Alkoholkontingent S 54,– je Liter Alkohol. Die im Kontingent enthaltene Hausbrandmenge ist von der Alkoholsteuer befreit.
Für die Zusatzmenge von 100 Litern Alkohol beträgt die Alkoholsteuer S 90,– je Liter Alkohol.
Die Steuer ist vom Abfindungsberechtigten selbst zu berechnen und an das zuständige Zollamt zu überweisen. Für die Berechnung und Abfindungserklärung liegen eigene Formulare beim Zollamt auf. Die Anmeldung muß mindestens 5 Werktage vor Brennbeginn beim Zollamt eingelangt sein.
Für die Berechnung gelten folgende Ausbeutesätze:

Für 100 Liter zur Destillation aufbereitete alkoholbildende Stoffe gelten folgende Ausbeuten:

Rohstoff	Liter-Alkohol (l A)
1. Äpfel, Birnen	3
2. Sonstiges Kernobst	2
3. Zwetschken, Pflaumen, Mirabellen	5,5
4. Kirschen	5
5. Sonstiges Steinobst	3
6. Wacholderbeeren, Vogelbeeren	1,5
7. Sonstige Beeren	2
8. Weintrauben	4,5
9. Obstweinhefe und Traubenweinhefe, flüssig	3
10. Obstweinhefe und Traubenweinhefe, gepreßt	2
11. Treber und Trester	2,5
12. Enzianwurzeln	2
13. Halmrüben	2

Für Wein und gegorene Getränke lt. Untersuchungszeugnis.
Für 100 kg Getreide gilt eine Ausbeute von 18 l A. Die zur Verzuckerung der Maische bestimmten Zusätze sind wie Getreide zu berücksichtigen.

18.3 Fertigpackungsverordnung

Sie regelt auch für Abfindungsberechtigte die Füllmenge bzw. die Flaschengrößen, wenn Brände in den Verkehr gebracht werden. Den EU-Normen entsprechend können folgende Flaschengrößen verwendet werden: 0,02 l, 0,03 l, 0,04 l, 0,05 l, 0,1 l, 0,2 l, 0,35 l, 0,5 l, 0,7 l, 1 l, 1,5 l, 2 l, 2,5 l, 3 l, 4,5 l.

18.4 Auszug aus dem Österreichischen Lebensmittelbuch

Im Kap. B 23 werden die Spirituosen behandelt. Dort sind die Höchst- und Mindestwerte der chemischen Inhaltsstoffe sowie die Geschmacksanforderungen festgelegt. Bei einer amtlichen Überprüfung der zum Verkauf angebotenen Brände müssen die Untersuchungsergebnisse den Bestimmungen entsprechen. Es sind auch Regelungen über die Kennzeichnung dieser Produkte enthalten (s. Seite 128f.).

Der nachstehende Auszug bezieht sich nur auf Produkte, deren Alkoholgehalt zu 100% aus dem Zucker der jeweiligen Obstart stammt (Edelbrände), wie sie vom Abfindungsbrenner oder Stoffbesitzer erzeugt werden können.

Allgemeine Beschreibung und Bezeichnung von Edelbränden

1. **Edelbrände** – sind zu 100% aus vergorenen Flüssigkeiten oder Maischen gewonnen und haben dadurch einen typischen Geruch und Geschmack. Zur Erzielung einer harmonischen und abgerundeten Beschaffenheit ist eine entsprechende Lagerung notwendig.

2. **Obstbrände** – sind Edelbrände, welche zu 100% aus vergorenen Obstmaischen oder Obstsäften gewonnen werden. Der Mindestalkoholgehalt beträgt 37,5 %vol.

Allgemeine Bezeichnung: Der Name der Frucht wird vor die Silbe „-brand" oder „-wasser" gestellt (Apfelbrand, Kirschbrand, Kirschwasser usw.).

Werden zwei oder mehrere Fruchtarten gemeinsam destilliert, so bezeichnet man das Produkt als „Obstbrand" oder „Obstler".

3. **Österreichischer Qualitätsbrand** – ist ein Edelbrand von besonderer Qualität mit einem Alkoholgehalt von mind. 38 %vol. Mit dieser Bezeichnung soll die Qualität von österreichischen Edelbränden hervorgehoben werden, die zu 100% aus Früchten gewonnen werden.

Bezeichnung: Vor der Silbe „-brand" wird die Obstart gestellt wie „Österreichischer Qualitätsapfelbrand", „Österreichischer Qualitätszwetschkenbrand" usw.

Aromatisierung jeglicher Art ist für den Abfindungsbrenner und Stoffbesitzer in Österreich verboten. Bei echten Destillaten muß das gesamte Aroma von der Frucht kommen.

18.5 Lebensmittelkennzeichnungsverordnung

Sie regelt die Kennzeichnung von Waren, die in Behältnissen (Flaschen) oder Umhüllungen beliebiger Art angeboten werden und enthält die Vorschriften über die verschiedenen Angaben auf dem Etikett (siehe Seite 128f.).

Fachausdrücke

Destillation	Trennung flüchtiger von nicht flüchtigen Stoffen durch Erhitzen (Verdampfung) und anschließende Abkühlung (Kondensierung)
Destillat	Ergebnis der Destillation (Ausfluß beim Kühler)
Destillat	Der trinkfähige Anteil des Feinbrandes vom Mittellauf bis zum trinkfertigen Brand
Methanol	Methylalkohol
Ethanol	Ethylalkohol, Trinkalkohol
Rauhbrand, Rohbrand	Erster Brennvorgang bei der Alkoholerzeugung beim doppelten Brennverfahren.
Lutter, Rauhwasser, Rauhbrand, Rohbrand	Das Ergebnis des ersten Brandes
Fraktionierte Destillation	Durch verschiedene Siedepunkte der einzelnen Stoffe ist eine Trennung möglich (Vor-, Mittel-, Nachlauf).
Feinbrand	Zweiter Brennvorgang bei einfachen Brenngeräten. Trennung in Vor-, Mittel- und Nachlauf.
Vorlauf	Erster Teil (erste Fraktion) des Feinbrandes, enthält die leichtflüchtigen Stoffe.
Mittellauf	Zweiter Teil (zweite Fraktion) des Feinbrandes, auch Herzstück genannt, gutes Destillat.
Nachlauf	Dritter Teil (dritte Fraktion) des Feinbrandes, enthält die schwerflüchtigen Stoffe wie höhere Alkohole usw.

Brand	EU-Bezeichnung für Schnaps.
Abtrieb	Abbrennen einer Blasenfüllung.
Lutterwasser	Blasenrückstand nach dem Feinbrand (2. Brand).
Schlempe	Blasenrückstand nach dem Rauhbrand (1. Brand)

Bezeichnungen und Begriffe

neue Bezeichnungen und Begriffe	früher gebräuchliche, heute veraltete Bezeichnungen und Begriffe
Volumenkonzentration in % (%vol.)	Volumenprozent (Vol%)
Massengehalt in % (%mas)	Gewichtsprozent (Gew.%)
Liter Alkohol (lA)	Liter Weingeist (lW)
	Liter reiner Alkohol (l.r.A.)
Alkohol (A)	Weingeist (W)
Alkohol-Wasser-Mischung (AWM)	Branntwein

19. Die gesetzlichen Bestimmungen für Deutschland

Die hier erwähnten Regelungen sollen im Sommer 1997 auf EU-Recht umgestellt werden. Es sollen dann dieselben Vorschriften gelten wie zur Zeit schon für Österreich (siehe Kapitel 18). Bislang gilt in Deutschland aber noch das folgende:

Diese gesetzlichen Grundlagen sind zu beachten:
* Branntweinmonopolgesetz,
* Brennereiordnung,
* Zollkostenverordnung,
* Fertigpackungsverordnung,
* EU-Spiritousenverordnung.

Ebenso wie in Österreich wird hinsichtlich der Brennrechte unterschieden zwischen
* Verschlußbrennern, die eine Brennerei gewerblich betreiben und hier nicht angesprochen werden sollen, weil sie die einschlägigen Vorschriften ohnehin nahezu auswendig kennen müssen.
* Stoffbesitzern, die selbstgewonnene alkoholbildende Stoffe verarbeiten, ohne im Besitz einer eigenen Brennvorrichtung.
* Abfindungsbrennern, die ein einfaches, nicht verschlußsicheres Brenngerät mit einem Höchstvolumen von 150 L besitzen. Diesen gilt unser Hauptaugenmerk.

Abfindungsbrennereien

Zur Abfindung zugelassen werden Obstbrennereien, in denen vom Besitzer selbstgewonnene Stoffe verarbeitet werden. Eine Ausnahme bilden Brennereien, die mit einer Erzeugungsgrenze von 300 Litern zur Abfindung zugelassen sind. In ihnen dürfen auch andere als selbstgewonnene Stoffe verarbeitet werden. Der Besitzer einer Obstabfindungsbrennerei darf allerdings von der eben genannten Menge unabhängig einen Stoffbesitzer seine Stoffe darin verarbeiten lassen (im Gegensatz zu der neuen Regelung in Österreich).

Der Gesetzgeber sieht für die sogenannten Abfindungsbrenner steuerliche und verfahrenstechnische Vergünstigungen vor. Dabei werden die zu erhebenden Steuern regelmäßig pauschal erhoben (im Gegensatz zu den Verschlußbrennereien, wo die Menge des gewonnenen Alkohols mit Meßeinrichtungen genau kontrolliert und entsprechend besteuert wird). Dies geschieht nach bestimmten Ausbeutesätzen in Abhängigkeit von der zur verarbeitenden Frucht. Die Abfindung wird im voraus festgesetzt und bezieht sich auf einen bestimmten Abgabenbetrag. Davon zu unterscheiden ist die Abfindung auf eine Mindestmenge. Sie kommt aber nur ausnahmsweise vor.

Die monopolbegünstigte Erzeugungsmenge ist auf max. 50 Liter reinen Alkohol pro Jahr begrenzt. Alten Brennereien mit einem 300 Liter-Brennrecht wird allerdings dieses Kontingent weiter zugestanden.

Genehmigung schon vor dem Bau besorgen

Wer eine solche Obstabfindungsbrennerei errichten will, muß die Genehmigung des Hauptzollamtes einholen. Als Voraussetzung ist eine Bescheinigung der Oberfinanzdirektion vorzulegen. Zum Antrag gehören Zeichnung und Beschreibung der Brenngeräte. Bevor die Genehmigung erteilt worden ist, sollten die entsprechenden Räumlichkeiten nicht hergerichtet werden und auch die Betriebseinrichtung, namentlich die Brenngeräte, weder angeschafft noch bestellt werden.

Der Branntwein wird entweder ohne weitere amtliche Abfertigung selbst in den Handel gebracht, sofern Abfindung auf einen bestimmten Abgabenbetrag gezahlt wird. Oder er wird, sollte es sich um abgabefähigen Branntwein handeln, an die Branntweinmonopolverwaltung zu einem bestimmten Übernahmepreis mit Zuschlägen oder Abzügen abgegeben.

Die Stoffbesitzer

Zunächst müssen Stoffbesitzer grundsätzlich natürliche Personen sein. Es darf sich also nicht z.B. um eine GmbH handeln. Gehören mehrere Personen zu einem gemeinsamen Haushalt, ist nur eine Person (das ist regelmäßig der Haushaltsvorstand) berechtigt, als Stoffbesitzer zu brennen. Für Ausnahmen ist das Hauptzollamt zuständig. Stoffbesitzer dürfen nicht im Besitz eines eigenen Brenngerätes sein und verarbeiten ihr Obst in einer fremden Brennerei. In der Wahl der Brennerei besteht Wahlfreiheit, also kommt auch prinzipiell eine Verschlußbrennerei in Frage. Hierzu bedarf es jedoch einer zollamtlichen Genehmigung. In der Praxis wird der Stoffbesitzer deshalb seine Rohstoffe in einer Abfindungsbrennerei verarbeiten oder verarbeiten lassen.

Auch der Stoffbesitzer zahlt Abgaben

Der Stoffbesitzer brennt ebenfalls unter Abfindung, d.h. auf ihn fallen im wesentlichen die gleichen Rechte und Pflichten, die der Besitzer einer Abfindungsbrennerei innehat. Eine Ausnahme besteht aber insbesondere hinsichtlich der Aufzeichnungpflicht (siehe unten). Das gilt namentlich für Herstellung und Steuervergünstigung des Branntweins. Als höchstzulässige Herstellungsmenge gilt auch hier die Grenze von 50 Litern reinem Alkohol pro Jahr.

Zulässig ist aber beim sogenannten Abschnittsbrennen eine Mehrmenge, sofern eine Gesamtmenge von 500 Litern in einem Zeitabschnitt von zehn Jahren nicht überschritten wird. Hierbei sind diese Zehnjahresabschnitte fest definiert: Sie umfassen den Zeitraum vom 01.10.1983 bis 30.09.1993 usw. Ein neuer Abschnitt beginnt also stets mit dem 01. Oktober 1983, 1993, 2003 usw. Damit korrespondiert das Geschäftsjahr der Bundesmonopolverwaltung für Branntwein: Es dauert vom 01.10. bis zum 30.09. Das Brennen im Abschnitt ist beim Verarbeiten von Wurzeln und Topinamburen jedoch nicht zulässig.

Regionale Beschränkungen für Stoffbesitzer
Die Gebiete, in denen Stoffbesitzer ihre Stoffe zu Alkohol verarbeiten dürfen, sind in der Brennereiordnung (§ 9) definiert. Es handelt sich heute (im Bereich der alten Bundesländer) hauptsächlich um die Bezirke folgender Oberfinanzdirektionen:
* Frankfurt
* Freiburg
* Koblenz
* Saarbrücken
* Stuttgart
* einige Bezirke der Oberfinanzdirektion München.

Die aufgeführten Bezirke sind traditionelle Anbaugebiete. Für die Gesetzgebung war ausschlaggebend, daß Stoffbesitzer dort schon in den Jahren 1908/09 bis 1914/15 Branntwein destilliert haben.

Zu beachten ist, daß die Brennereiordnung dem Inhalt nach noch aus der Zeit vor dem Zweiten Weltkrieg stammt und vom Bundesgesetzgeber beinahe unverändert bestätigt worden ist. Deshalb zählten noch einige Bezirke der Oberfinanzdirektion Dresden dazu.

Im Einigungsvertrag wurden diese Gebiete jedoch nicht wieder in den Geltungsbereich der Brennereiordnung aufgenommen. In den neuen Bundesländern ist demzufolge faktisch kein Brennen nach Abfindungsrecht möglich.

Die zur Verarbeitung vorgesehenen Stoffe müssen nicht nur im zugelassenen Gebiet selbstgewonnen worden sein; entsprechendes gilt auch für die Verarbeitung. Gewinnung und Verarbeitung müssen jedoch nicht im selben Bezirk erfolgen. Nach dem Gesetz ist es lediglich erforderlich, daß es sich bei beiden Bezirken um zugelassene Bezirke handelt.

Dokumentation
Grundsätzlich obliegt dem Besitzer einer Abfindungsbrennerei die Pflicht, ein Brennbuch zu führen. Davon **kann** er aber unter bestimmten Voraussetzungen be-

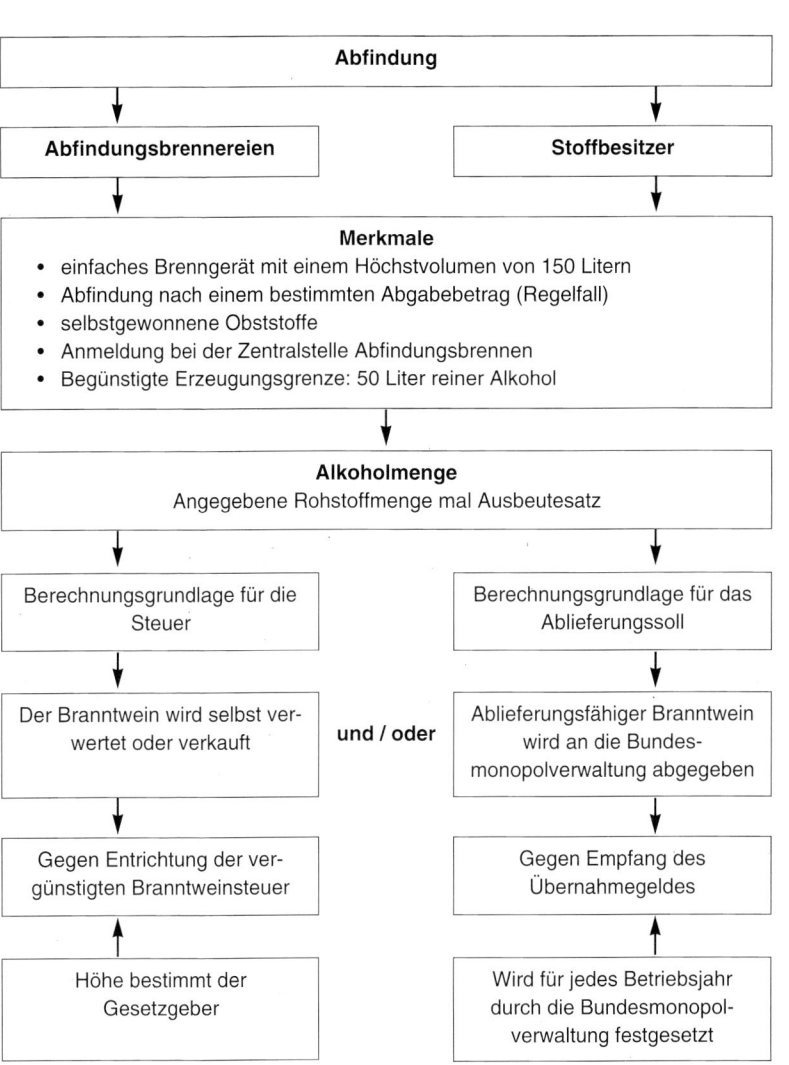

Abfindung

Abfindungsbrennereien

Stoffbesitzer

Merkmale
- einfaches Brenngerät mit einem Höchstvolumen von 150 Litern
- Abfindung nach einem bestimmten Abgabebetrag (Regelfall)
- selbstgewonnene Obststoffe
- Anmeldung bei der Zentralstelle Abfindungsbrennen
- Begünstigte Erzeugungsgrenze: 50 Liter reiner Alkohol

Alkoholmenge
Angegebene Rohstoffmenge mal Ausbeutesatz

Berechnungsgrundlage für die Steuer

Berechnungsgrundlage für das Ablieferungssoll

Der Branntwein wird selbst verwertet oder verkauft

und / oder

Ablieferungsfähiger Branntwein wird an die Bundesmonopolverwaltung abgegeben

Gegen Entrichtung der vergünstigten Branntweinsteuer

Gegen Empfang des Übernahmegeldes

Höhe bestimmt der Gesetzgeber

Wird für jedes Betriebsjahr durch die Bundesmonopolverwaltung festgesetzt freit werden, so z.B. wenn nicht mehr als 20 Stoffbesitzer in seiner Brennerei Branntwein herstellen. Die Frage, ob dem Abfindungsbrenner das Führen des Brennbuchs erlassen wird oder nicht, hängt von einer Ermessensentscheidung des Hauptzollamts ab. Ermessen bedeutet hier nicht, daß die Behörde beliebig entscheiden darf, sondern sie ist ihrerseits an Richtlinien und Dienstanweisungen gebunden.

Das Führen des Brennbuchs ist allerdings obligatorisch, wenn eine Brennerei vorübergehend oder dauernd das Abfindungsrecht verloren hat. Dabei spielt es keine Rolle, ob der Verlust der Vergünstigung auf monopolrechtliche Zuwiderhandlungen des Besitzers zurückzuführen war oder die Vergünstigung wegen Gefährdung des Monopolaufkommens entzogen worden ist.

Stoffbesitzer sind nicht zum Führen eines Brennbuchs verpflichtet. Der Besitzer der Abfindungsbrennerei ist gleichwohl gehalten, alle Brennvorgänge im Buch festzuhalten, ebenso die der bei ihm brennenden Stoffbesitzer.

Jeder Abtrieb muß gesondert eingetragen werden. Angaben über den Zeitpunkt von Beginn und Ende des Abtriebs gehören ebenso dazu wie Aufzeichnungen über die jeweils gewonnene Branntweinmenge und deren Stärke (Alkoholgehalt). Bei der Erfassung ist nicht nur zwischen Roh- und Feinbrand zu unterscheiden, sondern auch zwischen fertigem Branntwein, Vor- und Nachlauf. Kommen irgendwelche Zusätze, wie z. B. Wasser in die Maische, muß auch das im Brennbuch vermerkt werden.

Sofern das Hauptzollamt es anordnet, muß auch ein Materialüberwachungsbuch angelegt und geführt werden. Dort werden die Mengen und Art des Stoffes bei Zugang, Aufbewahrung und Abgang vermerkt. Das gilt für alkoholhaltiges Material sowie für Material, das zwar noch keinen Alkohol enthält, aber schon zur Gärung vorbereitet (eingeschlagen) ist.

Brenngerät

Aufgrund der Brennereiordnung sowie der praktischen Gegebenheiten in den klein- und nebenerwerblichen Abfindungsbrennereien kommen nur einfache Brenngeräte mit einem Höchstvolumen von 150 Litern zum Einsatz. Solch ein Brenngerät besteht im Prinzip aus der Brennblase, einem Hut oder Helm, einem sogenannten Geistrohr und dem Kühler. Im Hut werden die Dämpfe aufgefangen und durch das Geistrohr zum Verflüssigen in den Kühler befördert. Zwischen Brennblase und Geistrohr darf das Gerät auch mit einem mehrbödigen Verstärker versehen sein. In diesem werden die alkoholhaltigen Dämpfe konzentriert, so daß sich schließlich ein Destillat mit höherem Alkoholgehalt bildet. Ein Feinbrand erübrigt sich dann meistens. Die wechselweise Verwendung einmal ohne Verstärkungseinrichtung und einmal mit ihr, um den Rohbrand feinzubrennen, ist jedoch nicht zulässig. Dann liegt nämlich ein besonderes Feinbrenngerät vor, das zum Verlust des Abfindungsrechtes (§ 116a BO) führt. Es besteht aber die Möglichkeit, das gleiche Ergebnis mittels eines Dreiwegehahns zu erzielen. Dieser leitet das Kühlwasser so um, daß der Verstärker praktisch unwirksam wird.

Die Beheizung erfolgt entweder durch direkte Befeuerung oder durch ein Wasserbad bzw. Dampf. Die direkte Dampfheizung ist in neueren Abfindungsbrennereien verboten.

Ferner dürfen keine Dauerbrenngeräte zum Einsatz gelangen.

Woraus darf Alkohol gewonnen werden

In den Brenngeräten dürfen im wesentlichen zu Alkohol verarbeitet werden: Obst, Beeren und Säfte daraus, Wein, Weinhefe, weinähnliche Getränke, Most, Topinamburen (Roßkartoffeln), Wurzeln oder Rückstände der genannten Stoffe. Bei Obst und Beeren darf es sich nur um Früchte handeln, deren Pflanzen als einheimisch gelten.

Wichtig ist der Hinweis auf selbstgewonnene Stoffe. In diesem Zusammenhang gelten Stoffe als selbstgewonnen, wenn sie vom Stoffbesitzer als Eigentümer, Nießbraucher oder Pächter geerntet oder von ihm oder seinen Beauftragten gesammelt worden sind. Bei Vorprodukten (Wein, Weintrester, Weinhefe) müssen diese in einem auf eigene Rechnung geführten Betrieb erzeugt worden sein.

Anmeldeverfahren

Wollen Abfindungsbrenner oder Stoffbesitzer zur Tat schreiten, also die Destillation vornehmen, müssen sie vorher ihre Absichten anmelden. Für die Genehmigung zuständig ist die Zentralstelle Abfindungsbrennen (ZAB) beim Hauptzollamt Stuttgart-West. Die standardisierten Anmeldeformulare werden dort zentral erfaßt und bearbeitet. Der Brenner muß angeben, welchen Rohstoff er verarbeiten will und wieviel davon. Zu Kontrollzwecken ist natürlich auch die Angabe des Brennortes und der Brennzeit wichtig, und zwar getrennt nach Roh- und Feinbrand. Ebenso muß er die Anzahl der Brennvorgänge bekanntgeben. Hierbei ist zu berücksichtigen, daß die Anmeldung nur für Tage innerhalb eines Kalendermonats zulässig ist. Unbedingt erforderlich ist auch die Angabe, ob der erzeugte Branntwein bei der Sammelstelle der Monopolverwaltung abgeliefert werden soll oder nicht. Nicht zur Übergabe angemeldeter Branntwein wird auch nicht angenommen. Umgekehrt muß Branntwein, der zur Übernahme angemeldet ist, auch angeliefert werden. Die Anmeldung, die dem Wesen nach eine Steuererklärung ist, muß spätestens fünf Tage vor dem Brennen bei der Stelle eingehen. Gleichzeitig mit der Erteilung der Genehmigung wird anhand der Angaben die Steuer (Branntweinaufschlag) berechnet.

Liegt bei der geplanten Betriebseröffnung noch keine Genehmigung vor, so kann der Steueraufsichtsdienst davon in Kenntnis gesetzt werden. Dieser erteilt unter Umständen eine vorläufige Brenngenehmigung, die in der Abfindungsanmeldung vermerkt werden muß. Mit der vorläufigen Genehmigung ist aber das Risiko verbunden, daß im Falle der Versagung die Abfindungsvergünstigung entfällt. Der Steuersatz ist mithin in voller Höhe zu entrichten.

Der Steueraufsichtsdienst ist auch beispielsweise zuständig für folgende Vorgänge:
- Genehmigung für das Feinbrennen, sofern eine Brenngenehmigung in der betreffenden Zeit nicht beantragt und erteilt worden ist,
- Genehmigung, wenn im Einzelfall von der vorgeschriebenen Brennfrist abgewichen werden soll,
- Genehmigung von Abweichungen von in der Brenngenehmigung eingetragenen Brennzeit und Abtriebszahl.

Brennfrist – Brennzeit

Die Brennereiordnung unterscheidet zwischen Brenn- bzw. Maischfrist und Brennzeit. Die Maischfrist begrenzt die tageszeitliche Betriebsdauer des Brenngerätes. Danach darf nur zwischen 6 und 20 Uhr gebrannt werden. Die Brennzeit hingegen ergibt sich aus der Anmeldung, weil dort Tag und Monat des sogenannten Abtriebs (Destillation) einzutragen sind. Allerdings kann es vorkommen, daß die Brennzeiten behördlicherseits verkürzt werden, weil der Brenner die angegebene Brennzeit für die gemeldete Obstmenge zu lang bemessen hat. Verbindlich sind daher die Brennzeiten, die in der Brenngenehmigung angegeben sind.

Die Brenngeräte dürfen nur innerhalb der Brennfrist benutzt werden. Als Beginn der Inbetriebnahme ist in diesem Zusammenhang die Beheizung der Brennblase zu betrachten. Vorschriftswidrig handelt also derjenige Brenner, der bereits vor Beginn der Brennfrist die Brennblase beheizt, um sie mit Beginn der Brennfrist sofort befüllen zu können.

Während der Betriebszeit muß die Genehmigung in den Brennräumen ausliegen, um eine Kontrolle durch eventuell sich einfindende Steueraufsichtsbeamte zu ermöglichen. Störungen im geplanten Betriebsablauf sind in der Genehmigung zu vermerken. Außerdem muß die örtliche Steueraufsicht unterrichtet werden.

Die Ausbeutesätze

Für die Berechnung der pauschalen Abfindung nach einem bestimmten Abgabebetrag kommt entweder ein regelmäßiger oder ein besonderer Ausbeutesatz zur Anwendung.

Der regelmäßige Ausbeutesatz	
Ausbeuten bei nichtmehligen Stoffen pro 100 Liter (nach § 122, 1 BO)	
Ausgangsstoff	**Liter Weingeist**
Kirschen	5
Zwetschgen und Mirabellen	4,5
Schlehen	2
sonstiges Steinobst	3
Kernobst, auch abgefallenes Kernobst (Fallobst)	2
Kernobsttrester, d.h. vollständig ausgepreßte Rückstände von der Obstmostbereitung	1
Weinbeeren	4,5
Vogel- und Wacholderbeeren, auch gewässerte	1,5
sonstiges Beerenobst	2
flüssige Traubenweinhefe	3
gepreßte Traubenweinhefe sowie flüssige und gepreßte Obstweinhefe	2,5
Weintrester, die nach einem Aufguß von Zuckerwasser zur Nachweinbereitung gedient haben und von denen der Nachwein nicht auf einmal durch Pressung ausgeschieden, sondern nach und nach abgezogen worden ist	2,5
Weintrester von südländischen Trauben (gewässert und nicht gewässert)	3,5
andere Weintrester, vollständig ausgepreßt	1
Topinamburs (Roßkartoffeln)	3,5
Enzian und sonstige Wurzeln	2
Rückstände von der Bierbereitung	1,5
umgeschlagenes Bier, Tropfbier und sonstige Bierrückstände	2
Hefebrühe	2

Die regelmäßigen Ausbeutesätze kann das Hauptzollamt z. B. bei Ernten mit hohem Zuckergehalt, der zu entsprechend höherer Alkoholbildung führt, bezirksweise heraufsetzen. Auch für einzelne Teile eines Bezirks kommt eine Erhöhung der regelmäßigen Ausbeutesätze in Betracht.

Der besondere Ausbeutesatz

Ein besonderer Ausbeutesatz ist festzulegen, wenn mehlige Stoffe verarbeitet werden oder solche, die in § 122, 1 BO nicht aufgeführt sind. Eine Erhöhung muß auch dann bestimmt werden, wenn die wirklichen Ausbeutesätze aller Voraussicht nach die regelmäßigen Ausbeutesätze übertreffen. Dies ist insbesondere der Fall, wenn es sich um getrocknete oder nichtmehlige gezuckerte Rohstoffe handelt. Die festgesetzten besonderen oder regelmäßigen Ausbeutesätze sind dann unverändert beizubehalten, wenn bei ablieferungsfähigem Branntwein der wirkliche Ausbeutesatz höchstens 20 Prozent über dem regelmäßigen oder besonderen Ausbeutesatz liegt. Für anderen Branntwein gilt eine zehn-Prozent-Grenze.

Die Festlegung besonderer Ausbeutesätze kommt auch individuell in Frage, wenn der Brennereibesitzer dies beantragt und glaubhaft macht, daß die wirkliche Ausbeute geringer ausfällt als der regelmäßige oder besondere festgesetzte Ausbeutesatz. Gleiches gilt, wenn eine entsprechende Ausbeuteermittlung von Amts wegen erfolgt.

Eigenkonsum

Die regelmäßige oder besondere Ausbeutesatz ist so berechnet, daß die tatsächliche Ausbeute für gewöhnlich höher ausfällt. Diese Überausbeute ist steuerfrei und wird gemeinhin als Haustrunk bezeichnet. Im Unterschied zur entsprechenden Regelung in Österreich ist hier festzuhalten, daß kein festes Kontingent für eine steuerfreie Branntweinmenge vorgesehen ist.

Probebrennen

Zur Festsetzung besonderer Ausbeutesätze wird ein Probebrennen durchgeführt. Ferner dient dieses Verfahren auch dazu, die regelmäßigen Ausbeutesätze zu überprüfen. Der Probebrand ist von einem Aufsichtsbeamten unter Anwesenheit eines zweiten Beamten und des Betriebsinhabers ohne vorherige Anmeldung zu bewerkstelligen. Das genaue Verfahren regeln Richtlinien (Chemisch-Technische Bestimmungen), die die Bundesmonopolverwaltung herausgeben hat. Nach der vorschriftsmäßigen Durchführung des Probebrands kommt es zu einer Verhandlung, in der ebenso Verlauf und Ergebnis festgehalten werden wie Einwendungen des Brennereibesitzers oder des Stoffbesitzers.

Für gewöhnlich ist das Verfahren kostenfrei, es sei denn, der Zeitpunkt des Probebrennens richtet sich nach den Wünschen des Brenners (§ 2 Zollkostenverordnung).

Ablieferung

Unter Abfindung hergestellter Branntwein, also auch der von Stoffbesitzern, ist grundsätzlich von der Ablieferungspflicht befreit und kann (unter den Voraussetzung nach § 114, 1 a BO) sofort in den freien Handel gebracht werden. Der ablieferungsfreie Alkohol ist gleichwohl zu versteuern, allerdings mit begünstigten Sätzen. Wer seinen Branntwein trotzdem abliefern will, kann dies tun, sofern es sich um ablieferungsfähigen Branntwein handelt. Der Branntweinaufschlag fällt dann weg. Branntweine, hergestellt aus Steinobst, Beeren, Enzianwurzeln, Bier bzw. Rückständen aus der Biererzeugung, Wein bzw. Rückständen aus der Weinerzeugung werden von der Bundesmonopolverwaltung nicht übernommen. Werden aber die Rohstoffe für ablieferungfähigen und nicht ablieferungsfähigen Branntwein gemeinsam eingeschlagen und vergoren, so gilt der daraus hergestellte Mischbranntwein als ablieferungsfähig. Auf das Mischungsverhältnis kommt es dabei nicht an.

Das Übernahmegeld

Die Deutsche Edelbranntweinstelle GmbH (DEBS) im Auftrag der Monopolverwaltung zahlt bei der Ablieferung ein Übernahmegeld. Die Höhe des Übernahmegeldes pro Hektoliter (Grundpreis mit evtl. Zuschlägen und Abzügen) wird für das jeweilige Betriebsjahr von der Bundesmonopolverwaltung neu festgesetzt. Das geschieht im wesentlichen durch den sogenannten Gewerbeausschuß im Verein mit Vertretern des alkoholerzeugenden und -verarbeitenden Gewerbes sowie mit Vertretern aus dem Bundesfinanzministerium. 1996 betrug der Übernahmepreis 733 DM/hl für Kernobstbranntwein (zum Vergleich: 532 DM/hl für Roßkartoffeln, 695 DM/hl für Korn).

Die Branntweinsteuer

Wer seinen Branntwein unter Abfindung herstellt hat und ihn nicht abliefert, muß darauf einen (ermäßigten) Branntweinaufschlag entrichten. Die Differenz beträgt 375 DM/hl, bei Branntwein, der nur aus Steinobst, Beeren oder Enzianwurzeln hergestellt worden ist, sogar 550 DM/hl (regelmäßiger Steuersatz: 2550 DM/hl). Die Steuerschuld erwächst mit der Herstellung des Branntweins. Sie wird nicht etwa vom Brenner selbst errechnet, sondern von der Zentralstelle Abfindungsbrennen auf der Grundlage der angegebenen Rohstoffmenge und der regelmäßigen oder besonderen Ausbeutesätze. Die Steuer ist eine Woche nach Ende des Monats fällig, in dem der Branntwein erzeugt worden ist. Dabei ist der Rohbrand ausschlaggebend.

Handel

Auch für Alkohol, der unter Abfindung hergestellt worden ist, sind die gesetzlichen Bestimmungen verbindlich, die den Handel mit diesen Produkten allgemein regeln. Dazu zählen insbesondere die Fertigpackungsverordnung und die EU-Spirituosen-Verordnung.

Fertigpackungsverordnung

Nach den EU-Normen dürfen Flaschen mit folgenden Größen in den Verkehr gebracht werden: 0,02 Liter – 0,03 Liter – 0,04 Liter – 0,05 Liter – 0,1 Liter – 0,2 Liter – 0,35 Liter – 0,5 Liter – 0,7 Liter – 1 Liter – 1,5 Liter – 2 Liter – 2,5 Liter – 3 Liter – 4,5 Liter.

Begriffsbestimmung

Die EWG-Verordnung Nr. 1576/89 umreißt verbindlich für alle Mitgliedstaaten die Vorschriften, die für die Bezeichnung des in den Handel gebrachten Branntweins gelten. Diese Verordnung wirkt unmittelbar in den Mitgliedstaaten. Ergänzend dazu treten nationale Bestimmungen, sofern sie mit der EG-Verordnung nicht in Widerspruch treten. So können die einzelstaatlichen Vorschriften durchaus für bestimmte Spirituosen einen höheren Alkoholgehalt bestimmen.

Für die Zwecke der Verordnung gilt als Spirituose die alkoholische Flüssigkeit, die

- zum menschlichen Verbrauch bestimmt ist,
- besondere organoleptische Eigenschaften und (abgesehen von Eierlikör) einen Mindestalkoholgehalt von 15 % aufweist und
- wie folgt gewonnen wird:
  - entweder unmittelbar durch Destillieren – mit oder ohne Zusatz von Aromastoffen – aus natürlichen vergorenen Erzeugnissen und/oder durch Einmaischen von pflanzlichen Stoffen und/oder durch Zusatz von Aromastoffen, Zucker oder sonstigen Süßstoffen (definiert) und/oder sonstigen landwirtschaftlichen Erzeugnissen in Äthylalkohol landwirtschaftlichen Ursprungs und/oder in Destillaten landwirtschaftlichen Ursprungs und/oder in Brand im Sinne dieser Verordnung
  - oder durch Mischung einer Spirituose mit
    * einer oder mehreren anderen Spirituosen,
    * Äthylalkohol landwirtschaftlichen Ursprungs, Destillaten landwirtschaftlichen Ursprungs oder Brand,
    * einem oder mehreren alkoholischen Getränken,
    * einem oder mehreren Getränken.

Eine Spirituose mit der Bezeichnung -brand oder -wasser muß einen Mindestalkoholgehalt von 37,5 Prozent aufweisen. Das gleiche gilt für die Bezeichnung „Enzian". Für *Korn* schreibt die Verordnung einen Mindestalkoholgehalt von 32 Prozent vor.

Wird die Bezeichnung einer bestimmten Frucht vorangestellt, muß der Branntwein ausschließlich aus der angegebenen Frucht gewonnen werden. So dürfen für die Erzeugung von Zwetschgenwasser nicht etwa Pflaumen verwendet werden. Auch Aroma und Geschmack müssen von den verwendeten Sorten stammen. Werden die Maischen zweier oder mehrerer Obstarten zusammen destilliert, so wird das Erzeugnis als „Obstbrand" bezeichnet. Ergänzend können die einzelnen Arten in absteigender Reihenfolge der verwendeten Mengen angeführt werden.

Soll die verwandte Obstart noch weiter spezifiziert werden z. B. durch die Angabe der Sorte, müssen die betreffenden Angaben zutreffend sein. Somit ist der Ausdruck *Williams* einem Birnenbrand vorbehalten, der ausschließlich aus Birnen der Sorte „Williams" gewonnen wird. Auch die nur überwiegende Verarbeitung dieser Sorte darf nicht zur Etikettierung als *Williams* führen.

Brand aus Apfel- oder Birnenwein ist ausschließlich durch Destillieren von Apfel- oder Birnenwein zu gewinnen.

Die durch das Einmaischen ganzer, nicht vergorener Früchte und anschließendes Destillieren gewonnenen Getränke können als -geist unter Voranstellung des Namens der verwendeten Frucht bezeichnet werden.

Die zusätzliche Angabe der Herstellungsortes ist zulässig, wenn sie den Verbraucher nicht irreführt. Die Bezeichnung als „Schwarzwälder Kirschwasser" ist also nur dann gestattet, wenn sowohl die Gewinnung der Kirschen als auch die Herstellung des entsprechenden Branntweins nur im Schwarzwald bzw. in dessen unmittelbaren Nähe erfolgt ist.

Tabellensammlung

Literaturnachweis

Ernst Pöch, „Qualitätsschnaps", Leopold Stocker Verlag (vergriffen), 1973.
H. Wüstenfeld – G. Haeseler, „Trinkbranntweine und Liköre", Verlag Paul Parey, 1963.
Windisch – Rüdiger – Schwarz – Malsch, „Die Obstbrennerei", Verlag Eugen Ulmer, 1923.
Pieper – Bruckmann – Kolb, „Technologie der Obstbrennerei", Verlag Eugen Ulmer, 1993.
Physikalisch-Technische Bundesanstalt Braunschweig und Berlin und Bundesmonopolverwaltung für Branntwein, Offenbach/M., „Amtliche Alkoholtafeln"
Tanner/Brunner „Obstbrennerei heute", Verlag Heller Chemie- und Verwaltungsgesellschaft m.b.H, 1995.

10 Gebote zur Erzeugung von „Qualitätsbrand"

1. Du sollst nur genußreifes, gesundes und sauberes Obst verwenden. Schmutz, Schimmel und Fäulnis führen zu Maische- und Destillatfehlern.

2. Du sollst Kernobst und auch Beerenobst gut zerkleinern und Steinobst quetschen; Kerne und Steine müssen ganz bleiben.

3. Du sollst nur saubere, alkoholbeständige, lebensmittelechte und gut verschließbare Gärbehälter mit Gärspund verwenden.

4. Du sollst für eine reintönige Gärung sorgen, indem Du Reinzuchthefe, Enzym und, wenn notwendig, Säure zur Maische gibst.

5. Du sollst eine Gärtemperatur von 16–20° C (Willimams-Christ-Birnen, Himbeeren 16–18° C) einhalten. Das Obst soll beim Einmaischen Gärtemperatur haben, damit die Gärung rasch einsetzt.

6. Du sollst bei abklingender Gärung bzw. bei Gärende die Maische brennen. Falls dies nicht möglich ist, muß die Maische entsprechend gelagert werden.

7. Du sollst den Rauhbrand zügig und den Feinbrand mit Feingefühl durchführen und Vor-, Mittel- und Nachlauf sauber abtrennen.

8. Du sollst den Mittellauf schön warm und etwas luftig lagern, damit sich der rauhe und unharmonische Geschmack abrundet und in Milde übergeht.

9. Du sollst das Destillat mit gutem Wasser auf eine vernünftige Trinkstärke einstellen, eventuell filtrieren, noch eine Zeitlang lagern und dann in entsprechender Aufmachung zum Verkauf anbieten.

10. Du sollst ehrlich sein und nur Schnaps verkaufen, der zu 100% aus Obst gebrannt wurde und dem sonst gar nichts zugesetzt wurde.

Stichwortverzeichnis